中学校国語サポートBOOKS

国語嫌いな生徒の
学習意欲を高める！

中学校国語科
授業の 腕を磨く
指導技術 50

伊藤 彰敏 著
Akitoshi Ito

明治図書

まえがき

　書店の教育書のコーナーには,「アクティブ・ラーニング」「主体的・対話的で深い学び」に関する本が平積みされています。

　具体的にどんな授業をすればよいのか,いったいどれだけの人が分かっているのでしょうか。私自身,明確に思い描けません。実践例に目を通すと,まさに「同床異夢」,一人一人がまったく違う授業像を思い描いているのではないかとさえ思えてきます。

　国語科の授業で言えば,単元を貫く言語活動を位置付けた授業づくりということで,全国各地で実践が行われています。当然のことながら,これらは単元全体を見据えた実践であり,1時間1時間の授業像がなかなか見えてきません。また,活動することが中心となり,どんな学力を付けているのかということが曖昧であるとの指摘も見られます。

　そういう混沌とした時代に思い出した言葉があります。今から10年ほど前のことです。ある企業を訪問し社長さんからお話を聞きました。そのときの言葉です。

　「原点に戻ることが,真の改革だよ」

　この一言の前には,「教師としてのプライドを持ちなさい。教師は職業としてやるべきではないのだから」,さらに「学校教育の目的を哲学しなさい。これができていない時代なのだから。目的について,つきつめて考えなさいよ」などの言葉がありました。

　時代が大きく変わろうとしているからこそ,原点に立ち返る。これこそが,真の改革であるということです。

　30年以上,国語科の教壇に立ってきました。目指してきたのは,生徒がわくわくする授業です。「国語っておもしろい」「次の時間が楽しみだ」「国語をなぜ勉強するのか分かったような気がする」,こんな言葉を求めて実践を

積み重ねてきました。これらの実践を基に国語科の原点について考えたのが、本書です。

　今まで授業技術について、具体的な授業場面での対応について述べられてきた著作は多く見られました。自分自身、実際の授業で参考にしてきたことは言うまでもありません。しかし、その技術がどのような考え、理念から導き出されたものであるかについては、記述があまりされてこなかったように思います。その場面でしか有効でないということも体験してきました。技術を支える理念の重要性を痛感したわけです。

　そこで、本書では、指導技術はもちろんのこと、その技術がよって来たるところの考え方にも触れるように心掛けました。指導技術だけに限定せず、理念とも言うべきものに触れるようにしました。特定の１時間だけを特定の指導技術で無難に乗り切るという方法は書いてありません。様々な場面で、どう考えたらよいのかという指針を示すようにしました。

　逆に、実践例を示すときは、実際の授業で使用したワークシートなどをそのまま示すようにしました。考え方だけを提示しても簡単には理解できません。具体的に示すようにしました。

　新しい時代の国語科教育に真摯に取り組んでいる皆さんの「刺激」になることを願っています。

　本書は、愛知教育大学名誉教授・志水廣先生のメールマガジン「悠・愉」に連載したものに手を入れたものです。自分の授業を振り返る機会をいただいたことに心から感謝しています。また、本書を世に送る機会を与えてくださった明治図書出版の木山麻衣子さんにも心からお礼を申し上げます。ありがとうございました。

平成29年６月

　　　　　　　　　　　　　　　　　　　　　　　　　　　伊藤彰敏

Contents

まえがき 3

Chapter1
教師力を磨く！基礎・基本の指導技術

1 国語科のおそろしさを自覚する 8
2 言語生活を充実させる 10
3 卒業式の姿を想像する 12
4 授業のキャッチフレーズを示す 14
5 生徒の言葉で授業をつくる 16
6 沈黙に耐える 20
7 問題集への取り組み方を教える 22
8 テストへの取り組み方を教える 24
9 精神エネルギーを高める 28

Chapter2
授業力を磨く！話すこと・聞くことの指導技術

10 話すことよりも聞くことを大切にする 30
11 生徒の意見を受け止める 32
12 話すことの手本には教師がなる 34
13 自己紹介はビデオ撮影する 38
14 分かりやすく話す 42
15 話し方は読みの授業から学ぶ 46
16 答辞を国語科指導の集大成とする 48

Chapter3
授業力を磨く！書くことの指導技術

17	メモを大切にする	54
18	自分にしか書けないことを書く	56
19	考える時間を確保する	58
20	原稿用紙をつくる	60
21	文集をつくる	62
22	報告文を書く	64
23	事実を客観的に書く	68
24	読書感想文を書く	72
25	意見文を書く	76

Chapter4
授業力を磨く！読むことの指導技術

26	まず活字に触れる	80
27	本好きな子を育てる	82
28	言葉のおもしろさに触れる	86
29	予習の意味調べはしない	88
30	読むことの楽しさを実感させる	90
31	インプットする	92
32	教材研究は発問を掘り出すイメージで行う	94
33	生徒の思考に寄り添う	98
34	読みの方法を身に付ける	100
35	読むことの基本的な学習の流れを考える	102

36	説明的な文章の読みは見える化する	104
37	新聞を読む	106
38	詩・俳句・短歌は暗唱する	110
39	俳句の学習は「五感」を問う	112

Chapter5
授業力を磨く！伝統的な言語文化・言語事項の指導技術

■伝統的な言語文化

40	暗唱でリズムを体得する	114
41	高等学校での学習を意識する	116
42	現代版枕草子を書く	118
43	漢文は訓読のすごさを体験させる	120

■言語事項

44	漢字の学習は努力の結果を出させる	122
45	漢字のおもしろさを伝える	126
46	熟語の構成を楽しく授業する	128
47	文法の学習では法則性を発見する	130
48	文法の指導はさらりと徹底させる	132
49	語彙指導は国語辞典のおもしろさから始める	138
50	言葉のおもしろさを授業する	142

Chapter1
教師力を磨く！基礎・基本の指導技術

1　国語科のおそろしさを自覚する

1　いい授業をつくる

　学校生活の大半は，授業である。午前8時から午後4時までの8時間，その中の5時間は授業である。その授業がつまらなければ，学校が楽しいなんて言えない。授業の充実こそが，生徒たちを変えていく一番の方法だと考えている。子供たちを認め励ましながら，学力を付けていくのが授業だ。また，友達のよさを発見させるのも授業だ。

　国語の学力を高めるには，生徒指導がしっかりしており，安心して学べる教室になっていることが，最も大切であることは言うまでもない。

> 安心して学べる教室にするためには，いい授業をすることだ。

　いい授業をするために，自分自身が心掛けていることを，お話ししよう。

2　目指すところを考える

　小学校の勤務経験のある同僚から，よく聞かされてきた言葉が，これだ。
「国語って何をやっても，学力はそんなに変わらないでしょ」
　数学や英語と比べ，国語ではテストの平均点でそんなに大きく差が出ないのかもしれない。なにしろ子供たちは言葉を覚えてから，毎日毎日使っているわけだから，テストでは，ある程度の点数が取れるのだろう。
　それとは対照的なのが体育の授業である。跳び箱は跳べるかどうかだ。前転もできるかどうかだ。はっきりしている。目指す行動が明確である。国語とは大きな違いである。

国語は、目指すところが曖昧だ。できてもできなくても、どんどん進めていってしまう授業さえある。すると、知らず知らずのうちに自分の授業はこの程度でいいんだという思い込みが生まれてくる。何を教えるかということに無自覚になって、音読なり漢字の練習なり、何か活動させておけばいい、ということになってしまう。

　遠足には目的地がある。そこを目指して行く。もし目的地もなく出発したらどうなるだろう。まずい国語の授業は、目的地のない遠足に似ている。

　どんな学力を付けるかということがなおざりにされ、そういったことに問題意識さえ失いがちになるおそろしい教科、それが国語という教科だ。

　このおそろしさを、まず自覚することだ。

3　後ろから支える

　アクティブ・ラーニングというような言葉に踊らされてはいけない。新しいことが導入されると、右にならえで今までの実践を貶めるような雰囲気になる。国語科教育は、戦後からだけでも70年以上にわたって続けられてきた。過去の実践に立脚し、これからの時代を意識した取り組みを模索すべきだろう。

　「知識・理解」をないがしろにすることはできない。「思考力・判断力・表現力」も重要だ。両者は車の両輪にたとえることができる。

　車と言っても自転車だ。それぞれの車輪は同じ動きをしなければならない。片方だけが速くても遅くてもいけない。両者は連動しているのだ。「知識・理解」と「思考力・判断力・表現力」は、同じくらいに大切である。前者の定着や深まりを求めることなくして、後者の向上は望めない。

　自転車に乗って運転するのは、生徒である。自転車を漕ごうとする意欲がなければ、前に進むことはできない。ハンドルさばきを習得しなければ、目的地に到達することはできない。

　教室の中では、補助輪を付けたり、教師が後ろから支えたりして漕がせることになるだろう。そして、最終的に生徒は一人で運転していくのだ。

2　言語生活を充実させる

1 「くん」「さん」を付ける

　読売新聞のコラム「編集手帳」を執筆している竹内政明は，「敬称を侮るなかれ」と言っている（竹内政明『「編集手帳」の文章術』文春新書）。
Ａ　司馬遼太郎は書いている。
Ｂ　司馬遼太郎さんは書いている。
　あなたは，ＡとＢ，どちらで書くだろうか。
　竹内は，Ａの書き手を尊大だと感じる読者は少ないが，Ｂの書き手は生前に親交があったようなフリしちゃって…と反発を誘うかもしれないと分析している。確かにそうだ。
　人をどう呼ぶかというのは，難しい問題だ。相手への親密度や好悪の感情，相手との距離感，場の雰囲気などを引っくるめて，「様」「さん」などを使い分けている。
　では，子供たちをどう呼ぶか。いろいろな呼び方を聞いてきた。一番多かったのが，「伊藤くん」「伊藤さん」のように，「くん」「さん」を付けた呼び方である。次に多いのは，「伊藤」という，苗字の呼び捨て。意外に多いのが，「彰敏」「舞子」という名前の呼び捨て。また，「彰ちゃん」「舞ちゃん」という呼び方は，小学校で何度も聞いてきた。
　教師の子供たちへの立ち位置が感じられる。新任の先生が，新学期，学級で「舞ちゃん」と呼んでいると，正直心配になる。子供たちにくっつきすぎて，先生と生徒という関係ではなく，友達同士という関係になってしまうのでないかと危惧する。
　逆に，授業で，「彰敏」と呼び捨てにしている光景に出くわすと，これも

心配になる。先生と生徒の間の距離感がありすぎるのではと。

若手の先生が失敗する大きな原因は，生徒との距離感にあるようだ。くっつきすぎず，離れすぎないことが大切である。それを一番如実に表すのは，子供たちの呼び方である。

私は，「くん」「さん」を付けて呼ぶようにしている。若い頃は，常に苗字の呼び捨てだった。しかし，授業では授業者こそが生徒から教えられているのだと気付いたときから，自然と「くん」「さん」を付けて呼ぶようになった。

若い先生，ベテランの先生を問わず，生徒のことを「あいつ」「奴ら」と呼ぶ人で，学力を高めている人を見たことはない。

2 「やばい」「見れる」は使わない

ある国語の先生が，教務主任に「通知表やばいです。提出日に間に合いません」と言った。その後，教務主任は私に，「先生，国語の先生が『やばい』と言うのを，どう思われますか。私は使ってほしくないなあ」とぼやいた。

私は，手元にあった国語辞典で【やばい】を引き，〔もと，犯罪者や非行少年などの社会での隠語〕を指さし，「私は使いません」と答えた。

「こだわる」という言葉もそうだ。もともとは「どうでもいいことに執着する」というマイナス評価の言葉である。「助長」「生きざま」も同じだ。

「見れる」という《ら抜き表現》も，国語辞典が認知していようが，国語を教えているわけだから，正しい使い方をすべきだろう。「見られる」とふだん使っているからこそ，「見れる」は文法的にはおかしいと説明できる。

言葉の選択だけではない。お礼を言うときは，礼状を書く。スピーチをするからには，「なるほど」「いい話だ」と思わせたいと，考えに考えてから語りかけるのだ。

> 自らの言語生活を充実させることが，学力向上の秘訣だ。

相手を変えるには，まず自分を変えることである。

3 卒業式の姿を想像する

1 返事で締めくくる

　卒業式の話をしよう。
　私が今まで勤務してきた中学校では，一人一人に卒業証書を手渡しするという形をとっていた。一人一人の生徒を大切にしたいという思いの表れだ。
　卒業証書を手渡しするのは校長で，名前を読み上げるのは学級担任である。私も今まで304名の名前を読み上げてきた。そして，その数だけの返事を聞いてきた。
　「はい」
　書けばたった二文字，それだけの言葉である。
　受け持ってきた1年間の関わりを思い出し，最高の声で，その生徒の顔を心に描き，万感の思いを込めて，一人一人名前を読み上げてきた。国語の教師としては，今までで最も素晴らしいと言い切れる「朗読」をしようと思った。卒業式の前には家で何度も何度も練習し，前日の夜遅く，誰もいない体育館で密かに名前を読み上げる練習もした。この卒業式での「はい」という返事が，国語科の授業の締めくくりであり，学級での関わりのまとめであると考えてきた。

2 新しい一歩を踏み出す

　4月のはじめの授業では，名前を呼ばれたら必ず返事をしようと話をする。これは，どの国語科教師でも，いやどの教科担任でも学級担任でもやっていることだろう。
　たかが返事である。されど返事である。

恥ずかしい話，これを徹底させることは正直簡単ではない。だからこそ，義務教育が終わる15歳の春には，自信をもって「はい」と言えるようにしたいと思っている。３年間と言っても，楽しいこと，つらいこと，悲しいこと，感動すること，本当にいろいろある。だが，卒業の日までに，いい３年間だった，これからも一生懸命に生きていこうと思わせられるようにしたいと思う。そんな中学校生活を送らせるために指導にあたる。

> 充実した中学校生活を，「はい」という返事に集約させたい。

　授業では，中学校生活３年間で最もお世話になった人に向けて「はい」と返事をしなさいと言ってきた。今日までの学校生活を振り返り，この人がいたから今の自分があるという人が必ずいる。その人に「ありがとうございます」という思いを，また，「明日からは新しい一歩を踏み出します，見ていてください」という思いを，「はい」という言葉に込めなさいと話してきた。

3　テスト返しで練習する

　返事の練習が一番できるのがテストを返すときだ。卒業式同様一人ずつ名前を読み上げる。きちんと「はい」が言えるまで何度も行う。だいたい三度も繰り返せば，大きな声でできるようになる。いい返事のときは，「いい返事だね」とほめる。

　勉強が不十分なときは自信のない返事になる。声を聞けば分かる。一生懸命やったときは，いい返事をするものだ。声に張りがある。

　中学校生活も同じだろう。どれだけ一生懸命に中学校生活を送らせるかにかかっている。入学式と卒業式を比べて，一人一人全員が成長していなければ，教育したことにはならない。その教育の成果を表す一つが返事であると考えている。３年間教育をしてきて，蚊の鳴くような小さな声で「はい」では，保護者に対して失礼だ。何よりもその生徒に対して失礼である。

　国語科教師として，卒業式の日の姿を思い描いた上で指導にあたりたい。

4　授業のキャッチフレーズを示す

1　授業を開く

　授業開き。新しい出会いの場で、授業のキャッチフレーズについて話をする。これは、卒業までの3年間、何度も何度も生徒に、そして自分自身に投げ掛ける言葉である。次の三つだ。

> ①　脳みそから汗を出せ！
> ②　みんなでつくれ！
> ③　辞典と友達になれ！

2　不易を知る

　10年以上前の話である。改訂された学習指導要領を受けて、これからの国語科はどうあるべきかということを議論する会議に参加した。
　会議では改訂の内容をうけ、「話すこと・聞くこと」の指導の在り方に関する意見がほとんどを占めた。大いに盛り上がり、この会場にいる私たちがこれからの国語科を引っ張っていくのだという気概に満ちていた。
　会議の最後に、K大学名誉教授のW先生がお話しになった。概略、こんな話だった。国語科は言語の教科である。言語には二つの機能がある。一つは思考である。もう一つは伝達である。この会議では伝達の面ばかりが議論されたが、伝達する前に思考があるはずだ。この思考についての意見がなかったことが残念である。国語科の思考の面が弱くなるのではないかと危惧する。
　会場は静まり返った。

3 脳みそから汗を出す

授業のキャッチフレーズは，一教師としての不易を表す。

①の「脳みそから汗を出せ！」についてだ。これは，思考せよということだ。体育の授業では，1時間の授業でどれだけ動いたのかという運動量が問題にされる。授業でどれだけ汗をかかせたのかということが授業後に検討される。しかも苦痛を伴うことなく，どれだけ楽しく汗をかかせたかということが問われる。

国語科ではどうか。私は，「考えに考えるのが国語科の授業」と考えている。それに付け加え，自分が「考えに考えたこと」を友達が「考えに考えたこと」を参考にして再検討するのも国語科の授業であると考えている。

4 みんなでつくる

②の「みんなでつくれ！」について，お話ししよう。これは，伝達せよということだ。

授業はみんなの意見を出し合ってつくっていくものだというメッセージである。先生だけが一方的に話をし，生徒はそれを聞いているだけというのは授業ではない。みんなで意見を出し合ってつくりあげていくのが授業なんだと語りかける。そういう授業にするためには，一人一人が意見を言わないといけない。意見の言える教室をつくりあげていくことが求められる。

5 辞典と友達になる

三つ目の③は「辞典と友達になれ！」である。これは，分からない言葉，気になる言葉と出合ったら辞典を手に取り，調べようということだ。何回も何回もページを繰ることで，辞典に親しみを持ち，友達と言えるくらいにまでなってほしいという授業者の願いを表したものである。さらに言えば，この国語教室だけでなく，これからの人生でも「調べる」ということを続けてほしいという，生涯学習に関わる願いでもある。

5　生徒の言葉で授業をつくる

1　生徒の変容をとらえる

　授業の出発点は，生徒の言葉である。こういう授業観に至ったのには，二つの体験が大きく影響している。一つは，附属中学校での授業だ。
　「学習カード」【資料】というものをノートとして使っていた。大きさは，B5サイズ。生徒はこのカードに自分の考えや友達の考えを書いたり，板書事項をまとめたりして，授業後に提出する。授業者はそれぞれの生徒の読みにコメントを書いたり，励ましの言葉を書いたりして返却していた。
　このカードの特長は，「課題」「自分の考え」「友だちの考え」「先生のヒント」と，書き出しの位置がそれぞれ設定されていることにより，整理しやすいように工夫されていることである。一番下にある「判断」の欄には，友達の意見を聞いて，賛成（○），反対（×），疑問（？）などと書く。生徒の考えをより深く理解したり，友達のどの意見に影響されて，その生徒がどのように変容していったのかをとらえたりすることができる。この判断欄により，自分自身の指導を振り返るとともに，一人一人の生徒の読みの世界にしばらくたたずむことができた。

2　友達の言葉で分かる

　毎日毎日，夜遅くまで学習カードにコメントを書く作業をしていく中で，気付いたことがある。授業で，教師として「これはいい。全員が賛成で，○を付けるぞ」と思った意見に対して，意外にも×が付いていることがあるのだ。逆に「分かりにくい説明だ。何が言いたいのだろう。これでは誰も賛成しないな」と思った意見に対して，予想外に○が付く。教師の理路整然とし

た（?），我ながら完璧という説明には，非情にも×が付く。分かるっていうのはどういうことなのか，考え込んでしまうことがあった。

　よくよく考えていくと，生徒のたどたどしい説明の方が，教師の分かりやすい説明よりも分かりやすいということが分かってきた。生徒が一番分かりやすいのは，友達の言葉なのだ。大人である教師の言葉ではない。

【資料】学習カード

3 生徒の言葉を起点に考える

　こんなことがあった。文法の授業である。
　「段落」とはどういうものか、意見を求めた。形の上からの説明が出た。「へこんでいるところ」。生徒たちは、「なるほど」とうんうんと頭を縦に振っている。
　教科書には、「段落の初めは改行し、一字下げる」と書いてある。
　聞いてみた。「教科書には、こう書いてあるけど、Ａさんの言った『へこんでいるところ』とどっちが分かりやすい」。さっとＡさんの意見に手が挙がった。その後、「どこがへこんでいるの」と問い返し、「どうしてへこんでるのかな」と、段落がなぜあるのかという方向へ授業を進めていったわけだが、一字下げと説明しても、しっくりこなかっただろう。
　また、一字下げという説明だけでは、段落というものが意味のまとまりであるということを理解することはできなかっただろう。
　生徒の言葉である「へこんでいる」という、見た目の形の上からの説明に生徒がストンと落ちたところから、段落の機能について考えさせていったわけである。
　「段落の初めは改行し、一字下げる」という説明をしていたら、学習カードに「×」あるいは「？」と書かれたことだろう。

　一番分かりやすいのは、やっぱり友達の言葉である。

---

4 「友達がいるから」

　二つ目の体験はこんな話だ。
　私の末娘は、先天性の心臓病で、義務教育の９年間、登校は昼少し前。授業には半分ほどの参加であった。階段の昇り降りでは、担任の先生に負ぶってもらった。行事では車椅子に乗った。

生まれてから今まで，思い切り走ったことはない。
　小学校３年生のときのことだ。一緒に風呂に入っていて，気が付いた。左腕に何箇所か青い痣がある。「どうしたの」と問いかけても，何も答えない。「何か学校であったんだ。ちょっとだけ教えてよ」と何度も尋ねてやっと，「友達にもちされた（つねられた）」と小さな声で答えた。
　かなりのいじめにあっていることが分かった。靴をごみ箱に捨てられたり，机にチョークで「死ね！」と書かれたりした。無視されたりもした。陰でつねられたのは，「あんただけ，どうして先生に負んぶしてもらうの」というひがみが起因しているとのことだった。
　それでも決して学校を休もうとしない娘に聞いてみた。「いじめられても，どうして学校に行くの？」。娘はこう答えた。
　「友達がいるから」
　学校で学ぶことの意味を教えられた。友達がいるから学校である。

> 　学び合えるからこそ学校だ。

5　生徒に寄り添う

　二つの体験から，授業の出発点は，生徒の言葉であると考えるようになった。生徒の言葉で授業をつくろうと模索するようになった。すると，今までよりも生徒の発言をしっかりと聞き，どのような思考過程でその発言になったのか生徒の立場に立って考えられるようになってきた。言下に「その考えは違う」と否定するようなことはなくなった。
　そして，生徒の言葉を大切にするようになるとともに，他の生徒の言葉とどう関わらせるかということも考えるようになった。一人ではなく，みんなで考えるということだ。ここにこそ，学校で学ぶ意味があるのではないかと思っている。
　生徒の言葉で授業をつくりたい。

6 沈黙に耐える

1 思考のために沈黙する

　数年前，ある大学で国語教育の話をした。教育実習を終えたばかりの３年生に，冒頭，「挙手の多い授業と沈黙の多い授業，どちらがいい授業だと思いますか」と尋ねた。50名中47名が，挙手の多い授業だと答えた。

　国語科は何をおいても，まず考えることが大事であるということを言おうとしたのだが，ほとんどの学生は挙手の多い授業を支持した。生徒を沈黙させる授業はいけないという雰囲気さえ感じられた。「沈黙＝思考」なのだが，なかなか分かってもらえないようだ。思考あっての伝え合いである。何も考えず，伝えることもないのに話し合いなさいと言われても何もできない。ここにも沈黙があるが，思考のための沈黙とは質的に全く違う。

> 生徒の思考する沈黙にどれだけ耐えられるのか。

　これこそが，問われているように思う。

2 言語活動は逆立ちしている

　言語活動の充実ということで，意欲的に取り組んでいる学校では，様々な言語活動で教室は花盛りである。教育雑誌でも，こういったときには，こういった言語活動，ああいったときには，ああいった言語活動などと，いじらしいまでに言語活動を意識した実践が紹介されている。はじめに言語活動ありき，ということで，本来目指すべき学力の育成はどうなっているのと疑問符でいっぱいになってしまう実践も散見する。

言語活動の本質は考えることにある。そして，この考えるという活動を意図的に仕組むことを意識して実践を進めてきた。しかし，参考にしようと目を通す実践報告には，活動だけがあって，思考力・判断力・表現力に無頓着なものが多いようだ。目的と手段がひっくり返っている。何のための言語活動なのかつかめていない状況にある。活動していればいい，というわけではないのだ。

3 沈黙の隣には友達がいる

　考えるという沈黙の後，生徒は落ち着かなくなるだろう。特に分からないときがそうだ。首を左右に振り，話し相手を探そうとする。自分の考えはどうだろうか，友達はどう考えたのだろうかと話したくなるのだ。ここまでじっと待つことだ。

　話し合うには，個人，小集団，全体（学級），それぞれのねらいを明確にし，有機的なつながりを意識した学習を仕組む必要がある。その場合，個人で考える時間を，どんなに急いでいても保障することが大切だ。

```
個 人  →  全 体   →  個 人
個 人  →  小集団  →  個 人
個 人  →  小集団  →  全 体  →  個 人
```

　上のような，個人で始まり個人で終わるという学習の流れを意識した活動を考えたい。自分はどう考えるのかということを大切にするのだ。そこにこそ主体性が生まれるはずである。

　また，小集団学習について，隣の友達と机を移動せず話し合うこともあるだろうし，机を移動させて話し合うこともあるだろう。小集団の人数，机の配置などについても，それぞれの話し合いで，どのようなものが最適かを考えた上で，実践に取り組みたい。バズ学習や学びの共同体などの成果に学ぶべきである。

7　問題集への取り組み方を教える

1　トレーニング法を教える

　あなたの中学校では，問題集に取り組ませているだろうか。

　中学3年生ともなれば，受験を念頭にほとんどの学校が購入し，家での課題として位置付けていることだろう。せっかくの問題集だが，その取り組み方を指導している学校は少ない。国語教育に関する本を読んでも，まず書かれていない。せいぜい受験参考書に「本書の取り組み方」として書かれている程度だ。

　授業で学習した読み方，書き方などを定着させるには練習が必要だ。スポーツ選手のトレーニングと同じだ。継続して地道に取り組んでいくことが求められる。このトレーニングはコーチとともにやることもあるだろうが，むしろ個人で黙々と行われることが多い。だからこそトレーニング法を学ぶことが必要だ。

　これは勉強でも言えることである。学力を定着させるために，受験で点数を取るために，どのように取り組むのか指導すべきだ。

2　考えることに時間をかける

　4月，問題集を配付する前に，以下のことを指導している。この内容は印刷し，問題集の表紙裏に貼るようにしている。

① 問題文と設問を汚せ！

　　鉛筆を持って，重要な表現に線を引いたり，キーワードを〇で囲ったりしながら解いていきます。また，設問の「……なのは，なぜか」「どういうことか」など，答え方のポイントになるところにも線を引いたり，〇で

囲ったりします。
② 設問から目を通せ！
　何を答えるのかを確認してから問題文を読んだ方が効率的です。まず，設問にざっと目を通すことから始めてください。
③ 答え合わせが終わってからが，勉強のスタートだ！
　なぜその答えになったのかを考えるのが，勉強です。たとえ答えが合っていても，自分自身が納得できていなければ，とことん考えます。そのときに参考になるのが，解説です。解説をじっくり読んでください。問題を解くことよりも，この考えることにこそ時間をかけることが大切です。
④ 答えには根拠がある！
　答えには，根拠となる表現があります。それを探します。また，正しいものを選びなさいという問いについては，逆にどこが正しくないのかを一つずつ明らかにしていきます。正しくないところに線を引き，×を付けることです。これで，自分を納得させられます。
⑤ 質問せよ！
　解説を読んでも分からない。こういうときは，まず友達に質問します。それでも，納得できない。そのときは，先生に質問です。ここでも，「分かる」「分からない」とはっきり言うことです。自分自身が納得できるまで粘りましょう。
　〇〇中学校の強みは，この質問力にあります。伝統です。分からないことを分かるように粘り強く取り組む過程こそが，国語の力を付ける過程なのです。

3 必ず目を通し励ます

　課題に取り組んだ翌日には，必ず点検をする。担任印を押したり励ましの言葉を書いたりする。そして，１冊やり終えたところで，よく頑張りましたというメッセージを表紙裏に貼り付ける。スポーツ選手のコーチと同じだ。

8 テストへの取り組み方を教える

1 テストの本来の機能を考える

　生徒が一番嫌がるのがテストだ。定期テスト前になると,「どうしてテストなんかやるんですか」と半分やけっぱちになって口をとがらせている生徒に出会う。ここで,「将来,大人になってからね…」とか「今まで学習したことを…」とか言っても無駄である。
　生徒はテストの大切さを分かっていて言っているのだ。
　テストは評価である。評価には二つの機能がある。
　一つは学習の定着度を見る。どれができて,どれができていないかを確認するためにある。自分自身の強みと弱みを見つけるわけだ。弱みばかりを目の前に示されれば,誰だって嫌になる。また,生徒が一番こだわるのは点数である。結果の中身を見ようとしない。これではいけない。
　もう一つの機能は教え方の見直しである。教師自身が指導したことがどれだけ効果があったのかを見るのである。教える側からすれば,これが一番大切なところだ。それなのに,採点しながら「全然できていない。こいつら勉強したのか」と御立腹の方を何度も見かけた。これは,責任転嫁である。教え方が悪かったのを生徒のせいにしているだけだ。

2 授業では考え方を大切にする

　このような状況にあるテストについて,生徒に何のためにテストがあるのかをふだんの授業の中で具体的に話すことだ。そして,学習の過程こそが大切であることを実感させることだ。
　授業については,答えだけを求めるのではなく,考え方をこそ取り上げる

べきだ。結果よりも過程をこそ大事にすべきだ。生徒が正答を言うと，待ってましたとばかりに「そうですね」と終わるのではなく，「〇〇さんはこう考えたんだね。なるほど。今の意見を聞いてどう思った」と，うなずいている生徒，首をひねっている生徒を指名すべきである。

　答えを求めるだけの授業では，テストの点数を求めるだけになる。

　テストでも，考え方を問うべきだ。

　かつてこんな問題を出したことがある。

> 影の部分について，問題集に次のような問題がありました。
> 　「影の部分」には，どんなことがあるのか。それが書かれているひと続きの四つの文をこれより前から探し，初めの五字を書きなさい。
> この問題が不適切であることを説明しなさい。

　生徒は問題集の答えには間違いがないと信じ込んでいる。そうではなく，自分の感覚こそを大切にすべきことを教えることだ。あれっ，どうしてこれが答えなのかという疑問を起点にして考えることが勉強である。それを教えることを意図した問題である。そうすれば，次回からは生徒は質問にやって来る。「先生，どうしてこの答えは，これなんですか。私はこう考えるんですが」と言ってくる。分からなければ友達に訊く，それでも分からなければ先生に訊く。質問は複数でやって来る。友達同士で話し合っても分からない，最終手段は先生だ，と団体で質問となるわけだ。

　質問に来てくれれば，生徒がどんなことが分からないのかをつかむことができる。どんなところでつまずいているのかも知ることができる。それを次年度以降の授業改善に生かすのだ。また，勉強の進み具合を聞き，励ますこともできる。

　質問のできる生徒を育てることを意識して指導にあたりたい。質問は教師を鍛えてくれるのだ。

Chapter1　教師力を磨く！基礎・基本の指導技術　25

3 自分の考えを書く

こんな問題も出した。メディアに関する説明文にからめての出題である。

> 新聞とインターネットには、それぞれによさがある。あなたはどんなところがよさだと考えるか。二十八字以上、三十六字以内で書きなさい。

あなたはどう考えるかがポイントである。他人事ではないのである。教材文を単なる教材文として読むのではなく、あくまでも自分からの視点で読んでいくのである。

4 漢字の範囲は限定する

「漢字の範囲は、101ページから143ページまでです」

これでは、まず勉強しない。あまりにも広すぎる。この43ページの中にどれだけの漢字があるか、出題者は分かっているのだろうか。生徒の大変さが理解できているのだろうか。

私は、「漢字プリントNo.1～5の5枚。同じ問題を出します」としていた。範囲をしぼったのである。やったらやっただけのことはあったと思わせたいのだ。勉強したのに、全然出題されなかったら、生徒は勉強したことを徒労ととらえ、次回からはやらなくなる。やる気にさせるには、努力が点数に反映するように仕組むことだ。無駄な努力をさせないことである。採点する方も○を付ける方が楽しいはずだ。点数を取ってもらう努力をすることだ。

5 文法は問題を教える

文法についても、やみくもにやらせるのではなく、最もポイントになるところ、つまり授業で一番力を入れたところに限定し、勉強させることだ。

そのために、次のようなプリントを配付したこともある。

何をどのように出題するかを公開している。これも点を取らせるためだ。

【出題内容を公開したプリント】

> 期末テストの問題は、これだ！
>
> 二年生最後の定期テストが一週間後に迫ってきた。そのテストの問題を公開してしまおう。ズバリ！　これだっ！
>
> 【放送問題】（12点）
>
> 二　次の文章を読んで、後の問いに答えなさい。（10点）
>
> 三　次の詩を読んで、後の問いに答えなさい。（8点）
>
> 四　次の文章を読んで、後の問いに答えなさい。（10点）
>
> 五　次の文章の傍線部を漢字で書きなさい。（10点）
>
> 六　次の文章の傍線部の品詞名を漢字で書きなさい。（10点）
>
> 七　次の文の傍線部の動詞の　A活用の種類と　B活用形を、それぞれ後から選んで、その符号を書きなさい。（5点）
>
> 八　次の文の傍線部の用言の活用形を、六のBの選択肢から選んで、その符号を書きなさい。（5点）
>
> 九　次の文の傍線部の助動詞の意味をひらがなで書きなさい。（10点）
>
> 十　次の傍線部の漢字の読みをひらがなで書きなさい。（10点）
>
> 次の傍線部のカタカナを漢字で書きなさい。（20点）
>
> ホップ・ステップ・ジャンプ。三年生でジャンプするには、今、「この時」が大切なのだ！

　２年生最後の定期テストであっても，「今まで学習したところ全部」などとはしない。

6　言葉を掛ける

　学級の中には善きにつけ悪しきにつけ，気になる生徒がいるはずだ。まず，その生徒の答案から採点する。

　テストが終わった後，給食のときなどに，すぐに声を掛ける。

「一番に採点したよ。漢字15点だったよ」

「どうして，一番に採点したんですか」

「テスト前，今までで一番頑張っていたから，採点を楽しみにしていたよ」

「やったあ！　15点！」

「前回は９点だったから，６点も上がったね」

　これだけの会話でいい。生徒はやる気になる。

9　精神エネルギーを高める

1　志水廣先生に出会う

> 授業力＝｛教材把握力×子ども把握力×授業技術力｝×精神エネルギー

　この公式が，志水先生との出会いだった。何気なく読んでいた教育雑誌で見つけたこの公式には何かストンと落ちるものがあった。特にかけ算になっているという説明に「そうだよなあ。どれか一つが小さい値だと全体として低くなる。なるほど」とうなった。｛教材把握力×子ども把握力×授業技術力｝についても，指導案の教材観・生徒観・指導観と符合する。

　すぐに志水先生の書籍を全部購入した。その中の1冊が，『算数好きにする授業力』（明治図書）だった。その中に，「元気になる本を持とう」という項がある。精神エネルギーを高めるための本が紹介されている。「算数の本でしょ。どうして」。驚きだった。失礼だが，数学という教科に無味乾燥な記号の世界というイメージのあった私にとっては，衝撃だった。と同時に授業の基底部にある深いものの存在に気付かされた。発問，指示，指名などの技術という表層のみを見ていた自分に新たな地平を示されたように感じた。

2　鍵山秀三郎さんに出会う

　同じ時期に，イエローハットの鍵山秀三郎さんとの出会いもいただいた。校内で講演をしていただいた後で，不躾にもこんな質問をした。
　「いい授業をするためには，どんなことを心掛ければいいのでしょうか」
　鍵山さんは，にこやかにこう回答された。

「見せかけのお辞儀をしていても，お客様からは見抜かれます。企業においては，人格を高めることが最高のサービスです。教育では，教師として自分の人格を高めることが，最大の教育となるということです。そうでなければ，教えることはできても，伝えることはできません」
　知識だけの見せかけの教師では生徒に見抜かれる。やはり人格，生き方なんだと合点がいった。

3　塚越寛さんに出会う

　かんてんぱぱで有名な伊那食品工業株式会社の塚越寛さんの言葉も衝撃だった。『いい会社をつくりましょう』（文屋）を読んで感銘を受けた。お会いできることになり，長野県伊那市にある会社で話をお聞きすることができた。
　社長室に通され，壁面に貼ってある100年カレンダーの前で，開口一番，「私たちの命日がどこかにありますよ。100年なんて短いとは思いませんか。本当に短い。だから一生懸命やるんだよ」と，人生には限りがあること，人生は一度しかないことを話された。人生という目に見えないものを眼前に示されたように感じた。
　2時間あまりの話の中で，心に一番強く刻まれた言葉は，これだ。

> 学校教育の目的を哲学しなさい。つきつめて考えなさいよ。

　教師としての技術以前のことを教えていただけた。

4　人に出会う

　精神エネルギーを高めるには，人と出会うことだ。
　森信三が，「人間は一生のうち逢うべき人には必ず逢える。／しかも一瞬早過ぎず，一瞬遅すぎない時に―。」と言うように，必ず出会いはある。それを逃さないことだ。

Chapter2
授業力を磨く！話すこと・聞くことの指導技術

10 話すことよりも聞くことを大切にする

1 どんなことが聞きたいかを問う

　「話すこと・聞くこと」と並置されていながら，授業ではスピーチなどの話すことが中心となっている。スピーチの発表会を見る機会が何度もあった。緊張した面持ちで話す生徒に比して，聞いている側の弛緩した姿に出くわすことが度々あった。

　話すこと・聞くことの授業づくりでは，何よりも聞くことを中心に組み立てることである。どうすると生徒たちは聞くのか，聞き入るのか。そこを考えるのが出発点だ。生徒に聞いてみるといい。

　「今度スピーチをやるんだけど，友達からどんなことを聞きたい」に対しては，「今までで一番感動したこと」「一番大切にしている宝物」「今までで最高の思い出」などと次々と答えが返ってくる。では，「今度どんなことを話したい」と問えば，おそらく「話したくない」という声で教室はいっぱいになるだろう。

　何を話したいかよりも，何を聞きたいかを問うべきだ。話したいという思いよりも，聞きたいという思いにすることが重要だ。話す内容が決まれば，後は教科書の話すこと・聞くことの単元の流れに沿って授業を進めていけばよい。あくまでも教科書はマニュアルだ。参考にすればよい。教科書は参考書と考えればよい。授業者が話し方を説明しなくても，生徒自ら教科書を見ながら構想を練るようになるはずだ。

　また，学級の現状に合わせ，話題，話の組み立て，話し方などのどこに力を入れるのかを明確にした上で，ワークシートを作成することもある。これは，作文を書くときと同じものでもよいだろう。

2 聞く態度の指導に最も力を入れる

　発表会は大切にしたい。しかし，その前にまず温かい学習集団をつくることだ。教師と生徒ばかりでなく，生徒と生徒が互いに意見を素直に聞き合える集団をつくっておくことである。そのような集団をつくるには，教師がふだんの授業でも，生徒の話を「聞く」ことに努めることである。よい聞き手がいてこそ，話すことが意味を持つ。生徒に正対し，しっかりと意見に耳を傾けるからこそ，生徒は真剣に話すのだ。

　スピーチの発表会で，一人が教室の前に立ち，話す。他の生徒は評価シートなるものに，ひたすら書き込む。「話す態度」「話す内容」「説得力」などというそれぞれの項目に5段階で点数を書き込んでいる。時には，コメントを記述している。生徒は下を向いて必死に書いている。

> 聞くときは，話す人を見る。

　これこそを大切にしたい。

　評価など，おもしろかったか，おもしろくなかったかでいいではないか。すべてのスピーチが終わった後で，おもしろかったスピーチにはどんな特長があったのか考えさせればよいのだ。まず，ひたすら聞くことである。

3 訊く生徒を育てる

　小学校の現職教育で何度か話をさせていただいた。いつもこういう話をした。「中学生になるまでに指導してほしいことは一つだけです。それは，先生が話をするときは，先生の顔を見て聞くようにしてほしいということです。これだけできていれば大丈夫です。他に何も望みません」

　「聞く」には，「音・声を耳で感じ取る」という意味だけでなく，「要求・命令・教えを承知する」という意味もある。「たずねる」という意味もある。「聞く」を「訊く」にまで高めていくのが指導なのだ。

11 生徒の意見を受け止める

1 授業づくりは縦糸と横糸からなる

　学級づくりは縦糸と横糸からなるとよく言われる。教師と子供をつなぐのが縦糸，子供同士をつなぐのが横糸である。学級を織りなすには，この両方が必要であるという考えのようである。これは学級づくりよりも，授業づくりにおいて重要な視点になってくるのではないかと考える。

　私は若い頃，ルールだけ，縦糸だけの授業をやっていた。しかも縦糸と言っても，こちらからスパイダーマンのように一方的に糸を吐きつけ，生徒をぐるぐる巻きにして身動きできなくするだけのひどい授業だった。

　馬齢を重ねるにつれて，駄馬にも多少なりとも，そういったことのひどさに気付ける心が芽生えてきた。生徒の反応こそを素直に受け止めよと，自分に言い聞かせている。

　それでは，具体的にどのようにしているのか，これは実践者にしか書けない。もっといい方法があるのではないかと常に思っているが，とにかくまず紹介しよう。

2 詩を読む

　授業開きで全員が発言した後で，詩を読む。印刷して生徒に配付もする。
　蒔田晋治の「教室はまちがうところだ」という詩だ。朗読後，話をする。
　「さっき，全員に発言してもらったけれども，みんな，こんな気持ちだったよね。心臓ばくばくだったよね。発言するときって，みんなこうです。先生も，会議で発言するときはこうなります。意見を言うことって大変なことです。こういう気持ちを想像すると，間違った意見を言ったとしても，その

人を絶対笑えないよね。逆に間違っていたら，正しい答えはこうだよと教えたくなるよね。
　みんなが意見を言って，全員が分かったと言えるようにするのが授業だと，私は思っています。みんなで授業をつくっていきたいと思っています」
　その後の授業で，友達の意見に対して笑うようなことがある。そんなときは，厳しい口調で叱る。
「この間，詩を読んだよね。こんな一節がありました（詩の一節を朗読）。今，意見を言った人は，こんな気持ちだったと思うよ。そうやって一生懸命発言した人を笑えますか。今の態度は絶対よくない。こういったことは，これが最後だよ」
　安心して意見が言えるということは，とても大切なことだ。発言するときの不安感や緊張感を全員に具体的に想像させることだ。友達の気持ちを想像できるからこそ，自分が意見をどのように受け入れればいいのかが分かる。
　相手意識を持って聞くことが大切だ。相手の立場に立つからこそ，相手の思いや考えを素直に受け入れることができる。すると，意見を述べる側は，安心して意見を言えるようになる。

3 生徒とキャッチボールする

　これは，生徒と教師の関係とも同じである。教師こそが生徒の不安感や緊張感を想像した上で，その生徒の意見を受け入れなければならない。しかも，正しかろうが正しくなかろうが，どちらも大切な貴重な意見として受け止めなければならない。ともすると，自分の授業進行に都合のよい意見だけを取り上げ，進行を遅らせる意見を切り捨てていく姿勢はないだろうか。これには共感できない。だめだと切り捨てるのならまだしも，「ふーん」とも言わずに，「はい，次」と無視をしたような，まったく受け止めようともしない態度にはあきれてしまう。
　生徒と言葉のキャッチボールをすることである。まず受け止める。そして，生徒に投げ返すのだ。

12 話すことの手本には教師がなる

1 生徒に話す力・聞く力を付ける

　生徒に話す力・聞く力を付けるための一番の方法は、教師がいい話をすることである。これに尽きる。生徒に見本を示すことだ。
　いい話をすれば、何も言わなくても聞くようになる。そして、人前で話すときは、こんなことに気を付けているという話をすれば、生徒も分かりやすく話そうと努めるようになってくる。まず、教師が手本を示すことだ。

2 どうやって話すか教える

　生徒指導主事を担当していたときに、校長から毎週月曜日の朝、全校生徒に話をせよという指令を受けた。これが大変だった。日曜の夜になると、何を話そうかと焦り出し、悩み出し、憂鬱になり……。いい話を探そうと本をぱらぱらと繰っていると、いつの間にか本を読み出している自分を発見し、さらに焦ったものだ。
　転任が決まったとき、もう話をしなくてもいいという解放感はかなりのものがあった。そんな折、次年度の生徒指導主事担当予定者から相談を受けた。
　「毎週月曜日の話、どうしましょう。今から憂鬱なんです」
　この「憂鬱」という言葉を聞いた瞬間、こいつは同士なんだという気持ちがむくむくと湧き上がってきた。
　「そんなに困っているのなら、自分がどうやって話をしてきたか、文章にして渡すよ。憂鬱になんかなることはない。頑張れよ！」
　今から思えば、完全に解放感から出た言葉である。そんな不埒な思いから書いた文章だが、ここで紹介させていただくことにする。

心にくい込む話をするために

① 心構え　―時間×生徒数―

　話をする心構えである。話を１分しなければならなくなったとしよう。自分にとって，それはたったの１分かもしれない。しかし，聞いている生徒数が700名であれば，１分×700で，700分ということになる。時間にして11時間以上にもなる。それが10分であれば，10分×700で，7000分。116時間以上，５日分にもなろうとする時間になる。全校生徒の前で話すということは，いかに時間を使っているかが分かる。

　話をするということは，これだけの時間をかけているということを思うだけで，その厳しさが分かるはずである。適当に話すなんてことは絶対にできないはずだ。

② 原則，一つの話を

　話をしようとすると，どうしてもあれもこれもと言いたくなる。そして，だらだらと話すことになり，焦点のボケたものになることが多い。しかも，内容がともなっていないなら，生徒の心には何も残らない。

　とにかくこれだけは，というものを一つにしぼること。つまり，話したいことがたくさんあっても，一つにしぼり込み，後は捨て去らなければならない。どうしてもという場合は，多くて二つ。それ以上は，話しても無意味である。生徒の心には，へたをすると何も残らないということになりかねない。

　捨てる勇気を持つこと。

　時には，これこれのことを伝達してほしいと依頼される場合もある。また，朝の打合せで報告をいくつもしなければならないこともある。

　そういうときは，最初に「四つの話をします」「３点報告します」と，はじめに大きな輪郭線を引いてから話すしかない。人間心理として，三つ以上話すと，「おいおい，どれだけ話すつもりだ」ということになる。相

手の心の準備として，いくつ話すかを伝えるべきである。そして，できれば最後に「AとBとCの3点について話しました」と短くまとめることが大切である。

③　具体例で勝負　—「AさせたいならBと言え」—

「勉強しなさい」と何度言っても，生徒は勉強するわけではない。同じことを何度繰り返しても意味がない。勉強しなくてはいけないのだと思わせなくてはならない。ある意味，勉強しなくてはいけないということは，生徒自身が一番感じているかもしれない。それは，どんな教師でも知っている。しかし，それを単純に「勉強しなさい」では，素人と変わらない。プロの教師であるならば，話をすることによって，勉強しないといけないなあと生徒に思わせ，それを実行させなくてはいけない。

そうさせるためには，具体例が重要になってくる。Aさせるために全く思ってもみなかったBという話ならなおさらよい。

聞く人が具体例に興味を持ち，聴き終わったところで勉強の大切さを簡単に付け加えればよい。

④　Sの字に見る

ある劇場で前衛舞踊を観たことがある。ある踊り子は自分の方を見ながら踊ってくれた。踊りながら確かに視線を自分に投げかけてくれた。自分は恍惚とした。しかし，劇場を出た後で，隣に座っていた友人も「あの子は，オレを見て踊ってくれた」と言った。また，もう一人の友人も「違う。オレを見てたんだよ」と言った。

つまり，その踊り子は観衆の一人一人に視線を投げかけていたわけである。

プロの技である。

その日以来，その視線を目標に授業，集会に臨んでいる。すべての生徒とは言わないまでも，一人でも多くの生徒が「先生は，私を見ている」と思わせたい。

そのためには，Sの字に聴く人の集団をゆっくり見ながら話すことであ

る。
⑤　驚かせ，黙る

　話し方である。

　まず，③で述べたように，具体例が勝負であるから，初めにインパクトを与えること。聴く人が「ええっ」と思うようなことから始めるのがよい。こちらに引き込むための手だてである。

　また，ざわざわしていれば，意識的に小さい声で話す。あるいは，何も話さず，じっと立ったままでいる。

　聴く人を引き込んだという手応えがあったら，意識的に長い「間」をおく。意識的に話をとめるわけである。「みんなはどう思う」とか「この後どうなったのでしょう」などと投げかけてもよい。そして，「次を早く話してよ」という表情が感じられたところで，もう少しじらす。早く聴きたいという思いが満ち足りたところで，次を話していくわけである。

⑥　何も話さない

　どうしても今日はうまく話せそうにないなら，何も話さない方がよい。いやいや話すくらいなら，黙っていた方が賢明である。聴く人にとっても，その方がよい。①で述べたように貴重な時間を浪費することになる。

⑦　ふだんから情報のストックを

　いい話をするためには，自分がいい考えを持つしかない。そのためには，自ら学ぶしかない。読書をすること，スポーツをすること・見ること……，いっぱいある。自分に適したものを探すしかない。

　自分は，読書に重きをおいている。あらゆる本に赤線を引き，これはというページは折り曲げておくようにしている。さらに，これは使えるという話は，必ずメモをとっておくようにしている。

　とにかく自分はこう考えるというものがなければ，話で勝負はできない。他の人とは，ここのところが違うよというものがなければならない。平凡ならば，平凡な話になる。

13 自己紹介はビデオ撮影する

1 国語科の指導内容を考える

　4月，教科担任制の中学校では，教科ごとの自己紹介を繰り返し，生徒は食傷気味となる。
　国語科として話し方・聞き方を学習するのだという意識を持たせたい。
　授業のはじめに次のプリントを配付し，自己紹介のポイントを説明する。

【自己紹介の授業で配付するプリント】

スピーチで自己紹介

　最初の授業は，新鮮な気持ちで自己紹介です。スピーチを行います。……と言っても，カ・ン・タ・ン♥四十秒以上六十秒以内という短さです。ビデオにとりますから，いかに自分を印象的に紹介するか！　楽しみにしていてください。表情も考えておいてください。なお，このビデオは，卒業式前，最後の授業のときに，みんなで見る予定でいます。

　スピーチのポイントは，次の三つです。

① 四十秒以上六十秒以内の時間を守る
　スピーチの目的は，自分の名前を覚えてもらうこととと自分のことを知ってもらうこととにあります。そして，そのスピーチは，一分間で三〇〇字くらいが適当です。ひらがな・漢字も一字と計算します。

② 話す内容を工夫する
　教科書の中の写真・挿絵（さしえ）なんでも結構です。それと自分をかかわらせて，自己紹介をしてください（これが一番難しいところ）。
　なお聴く相手は，友達ではなく，私＝伊藤です。あれもこれもと紹介するのではなく，一つか二つにしぼることです。また，内容を掘り下げることも大切です。

③ 話す姿勢を意識する
　おじぎは，上げるときにゆっくり上げるようにしましょう。これで，聞き手の印象はかなり違います。
　また，スピーチ中は下を向かないように。メモは持っても，それに頼りません。

　一つ目は，時間を守ることだ。ただ40秒以上60秒以内と時間を提示しただけでは分からない。300字くらいが適当と字数を示し，原稿用紙を配付し下

書きをさせる。

　二つ目は，話す内容の工夫である。ただ自己紹介と言えば，ありきたりのものになってしまう。国語科での「話すこと」は，他教科と違うということを意識させたい。

　また，相手意識のない自己紹介ではいけない。紹介する相手は，あくまでも教科担任の私であることを強調した。

　さらに，教科書の中の写真・挿絵と自分をかかわらせる，としたのにも理由がある。それは，その写真・挿絵という対象に自分を投影させたいと考えたからだ。その方が思いを伝えやすくなる。これから１年間使う教科書を１ページ１ページ繰ってほしいという意図もある。

　三つ目は，話す姿勢だ。自己紹介というスピーチは，原稿を読むものではない。メモはお守りであるという意識を持たせたい。ビデオに撮るというのは，下を向かないための一つの手だてである。また，教師側にとっては，声とともに消えていってしまうスピーチを後でじっくり評価するための手だてでもある。

2　場をつくる

　ビデオ撮影があるということで，生徒はしっかり原稿ができていても，何度練習していても緊張気味になる。そこで，教科担任の私が，見本を示す。一番前の生徒にストップウォッチを持たせ時間を計らせる。そして，先陣を切って自己紹介をする。時間は55秒から60秒におさめる。

　「時間どうだった？」「先生，58秒です！」

　おおっと歓声があがる。すかさず，「まあ，こんなもんだ。私は国語のプロですから！」と高笑いをする。すると，自然に教室に笑いが起きる。雰囲気が変わるのだ。そこですかさず，「スピーチは最初にやる人が一番緊張するんだよね。にもかかわらず，この完璧なスピーチ。これは見本だから，ここまでできなくていいよ」と言うと，生徒から「先生，何か言ってるよ」「プロは自慢をしませんよ」という声が出る。教室の空気がゆるむ。

そこで,「さあ,ビデオ撮影の準備をしようか」と言うものだから,「先生,卑怯です。自分のは撮らないで,私たちだけ撮って」

「授業の主役は,生徒である君たちだ」と返す。「ひどい」「やられた」と声が出る。場が和んだところで,スピーチのスタートである。前時にくじをひいて順番は決まっている。

最初から「はい,スピーチを始めよう」では,緊張で生徒は固まってしまう。場をつくることが大切である。そのために,教科担任は自宅でストップウォッチを持って何度も練習しているのだ。これによって,スピーチすることの難しさ,大変さが実感できる。生徒への声掛けも違ってくる。途中でつかえてしまった子にかける言葉に優しさが生まれるはずである。

3 生徒は多彩に自己紹介する

子供たちが選んできた写真・挿絵は実に多彩だった。

一番多かったのが,線路に前足を置き遙か彼方を見つめる猫の写真だった。「私の家にもこんな猫がいます」からはじまり,「この猫は私です。これからの中学校生活を見つめているのです」「ぼくも,この猫のように孤独です。友達を待っています」など様々な内容だった。

その他のスピーチも紹介しよう。

木の芽の写真……「これは私です。中学校でどんな花を咲かせられるか期待でいっぱいです」

大空を飛翔する鳥の写真……「ぼくもこんなふうに飛べたらいいなあと思います。ぼくは人間ですから,飛ぶことはできません。ですが,気持ちは大空を飛ぶように大きいです」

海中から跳ね上がる2頭のイルカの写真……「ぼくは二人兄弟です。右側がぼくです。左側が兄です。イルカは仲良く飛び上がっていますが,ぼくたちはケンカばかりします」

「少年の日の思い出」。客が思い出を語る場面の挿絵……「これはぼくとお父さんです。ぼくは右側で,お父さんに叱られています。ぼくはよく叱られ

ます。でも，中学生になったので，叱られないようにしたいと思っています」

こういった自己紹介の連続で，時に笑いに包まれるユニークなものとなった。

4 3年後にビデオを見る

こんな約束がしてあった。

「このビデオは，卒業式前，最後の授業のときにみんなで見る予定でいます」

卒業式の1か月ほど前，宣言した。

「今，1年生のときの自己紹介ビデオを一人10秒ほどに編集しています。最後の国語の授業で見ます」

教室は驚きの声に満ちあふれる。「ええっ，本当に見るんですか」「冗談でしょ」「嫌だあ。やめてください」と言いながらも，みんな笑顔である。

そして，当日の教室。わくわくした表情の生徒たちが，教室に座っている。ビデオを見られるように設定している私を，まさに固唾をのんで見つめている。

自己紹介のビデオが始まる。

笑顔，笑顔，笑顔だ。

「男子の声が高いよ。今と違う」「髪型が違う」「背が高くなってる」

おもしろいことに，ビデオに出てくる生徒と今そこにいる生徒を見比べる。そして，驚いたりにっこりと笑ったりする。3年間の成長を確認し合っているのだ。

最後に，教科担任の「これで国語科の授業を終わります」の言葉で締めくくる。それ以外，何もしゃべらずに終わるのだ。

これが，3年間の締めくくりである。

14 分かりやすく話す

1 発言の仕方を教える

　生徒の発言を聞きながら，「いったいさっきの意見に賛成なのか，反対なのかどっちだろう」とやきもきしたり，だらだらと説明する生徒に，「じゃあ，まずそこで切って」と言ったことはないだろうか。
　発言することはいい。ただ発言の仕方を知らないのがいけないのだ。これは教えていくしかない。場面ごとに指摘していくのも一つの方法だろう。
　しかし，国語の授業である。こうすれば分かりやすく話せるのかと実感させるための取り組みも必要だ。そこで，行ったのが，「分かりやすく話そう」という1時間完了の授業である。
　二つの学習内容からなる。一つは，提示された図形をそのとおりに描いてもらえるように説明を工夫することである。もう一つは，この活動を通して分かりやすく話すためにはどんなことが大切かを考えることである。
　具体的には，次の3点を押さえるための授業である。
① 相手意識を持つ。
② 全体像を先に話す。
③ 一文を短くして話す。

2 ワークシートを準備する

　授業で使用したワークシートを次ページに示す。
　これは，おでんの形に似せているところがポイントである。全体像を先に話すことの大切さに気付かせることがねらいだ。「おでんのような形」という言葉が最初に出るかどうかがポイントである。

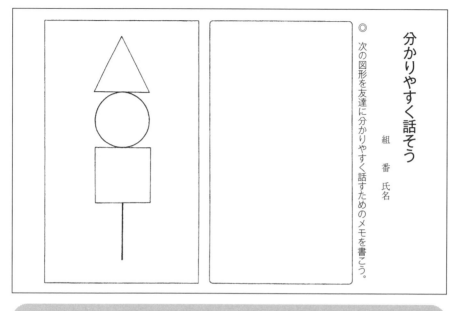

3 説明された図形を描く

　授業は，ペアで行う。
　一人はワークシートに描かれた図形を相手に正確に再現してもらえるように説明する。どのように説明するかは，ワークシートにメモをしておく。
　もう一人は，説明を聞いて図形を描く。説明を繰り返し言ってもらうことは構わないが，質問はできない。
　質問できないことには理由がある。
　相手が分かっていないようであるならば，説明をし直すことの必要性を実感させたいのである。聞く側には，分からないので質問したいという気持ちにさせたいのだ。話す側にも聞く側にも相手意識を持つことの大切さを実感させるための方策である。
　正しく図形を描けた生徒は約8割であった。生徒の描いた図形のいくつかを次ページに示す。

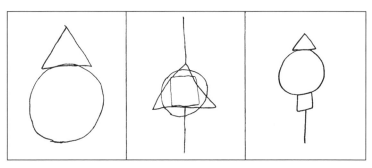

【生徒の描いた図形】

4 ねらいに迫る

　授業の後半は，分かりやすく話すための方法について考える。

　生徒の描いた図形を提示して，「どうしてうまく描けたのでしょう。また，どうして描けなかったのでしょう。どのように説明すれば，うまく描けるのか，ノートに書いてください」と指示をする。書いたメモと実際の図形を振り返らせ，じっくりと考えさせるのだ。

　発表された意見は，次のようなものだった。
・全体の印象を伝えておく。
・図形を何かにたとえる。
・簡単な言葉で説明する。
・説明するときに動作を付ける。
・相手の気持ちを考えて説明する。

　生徒はどうすれば伝わるのか実感を持って答えている。
　これらの発言をもとにして，分かりやすく説明するためには，発表された意見のように，次のことが大切であるとまとめればよい。
①　相手意識を持つ。　②　全体像を先に話す。　③　一文を短くして話す。
　また，これらのことは，国語の授業だけでなく，数学でも英語でもどの教科の授業でも意識しておきたいと締めくくりたい。

5 まず教師の話し方を変える

　ゲーム感覚で行える授業であり，どの生徒も楽しく取り組むことができる。
　より分かりやすい説明の仕方について考える授業であるならば，1年生のはじめ，あるいは各学年のはじめに行うのが適当だろう。その場合，学年の学力に合わせどんな図形にするかがポイントになる。簡単すぎてもいけないし，難しすぎてもいけない。生徒の学力を見極め，適当な図形を選択しなければならない。
　最後に，全体像を先に話す，一文を短くして話すといったことは，まず教師が心掛けて実践することである。まず教師である。朝の連絡，会議での発言等どうだろうか。朝の貴重な時間なのに，だらだらと時間を空費するだけの連絡はないだろうか。提案に賛成なのか反対なのか，最後にならないと分からないような意見はないだろうか。
　学校の全教師の話し方の向上が，生徒の話し方を変えていくはずだ。その先頭に立つのが，国語科教師であることは言うまでもない。
　最後に，図形を説明するために，ある生徒が書いたメモをお見せしよう。
　この説明でどんな図形が描けるだろうか。一度試していただきたい。
　ふだんの授業の発言を見直すきっかけになることと思う。

【生徒の書いたメモ】

15 話し方は読みの授業から学ぶ

1 説明的な文章で教える

話し方は説明的な文章から学ぶことである。
分かりやすい説明的な文章には工夫がある。

> 　なぜ話すことについて，学ぶ機会がつくられてこなかったのだろうか。その理由として次の二つが挙げられる。
> 　まず，価値観の問題がある。……………………………………………
> ……………………………………………………………。
> 　次に，時代背景の問題がある。……………………………………………
> ……………………………………………。

このような書き方をしたものが多い。話すことに置き換えて説明しよう。
① 全体像を話す
　話すことを学ぶ機会がつくられてこなかった理由について述べるのだと，これから何について話すのかが示されている。聞く側は心構えができるので，理解しやすくなる。
② ナンバリングをする
　二つの理由を挙げるというように，いくつのポイントを話すのか数字を示している。聞く側はメモをしやすくなる。
　また，「まず」「次に」という接続詞を使い，今何番目のポイントを話しているのかを示すと，聞く側に親切である。実際の話し言葉では，
　●理由は二つあります。

●一つ目は〇〇です。
●二つ目は〇〇です。
となるであろう。
③　ラベリングをする
　「価値観の問題」「時代背景の問題」というように，話のポイントの要約を示すことである。これによって，聞く側はこれから述べられる話の概要をつかむことができる。

　これらのことを説明的な文章の「読むこと」の学習の中で教えていくことである。内容をつかむことだけが説明的な文章の授業ではない。どうすれば分かりやすくなるのかという論理展開を教えるのも大切なことだ。

2　学習用語として教える

　さらに大切なことは，こうだ。

> 「ナンバリング」「ラベリング」という言葉を教える。

　いくつのポイントを話すのか数字を明確にする，話のポイントの要約を示すと教えるだけではいけない。まず生徒の力となることはないだろう。
　こういったことを，「ナンバリング」「ラベリング」と言うのだと教えることで，やっと使えるようになる。この学習用語を教えることが，今後使えるかどうかを決めると言ってもよいだろう。

3　日常的に使う

　そして，ふだんの授業で使うことだ。
　意見を述べる前に，ナンバリングを意識して述べなさいと言っておくことだ。だらだらと話を続ける生徒に，ラベリングをするとどうなるのかと，意見の途中で指摘することだ。そうやって，やっと身に付くのである。

16 答辞を国語科指導の集大成とする

1 校長に学ぶ

　一宮市立中部中学校でお世話になった伊藤敏一校長のスピーチは，すごかった。月曜日の朝礼での話は，毎回，「今日はどんな話だろう」とわくわくして待った。話は分かりやすく，具体例の出し方も「ううん」となるくらいの素晴らしさだった。原稿もなく，よどみなく話される姿にあこがれた。
　校長室の扉をノックし，思い切ってお聞きした。
「先生，どういう準備をされているのですか」
　そこでお聞きしたことは，自分のスピーチに対する甘い思いを揺さぶるものだった。伊藤校長は，まず机の真ん中の引き出しを開け，束になったカードを出された。そのカードには，新聞の切り抜きや本の一節をコピーした紙片が貼ってあった。「これが話のネタだよ。これはという話があると，こうやってストックしておくんだ。毎回，この中から話すことを決めてるよ。校長が生徒に直接指導できるのは，朝礼の話だからね。いい加減な話では職員に顔向けできないよ」。カードの枚数は，何枚というよりも，何cmもあるという表現がぴったりだった。これだけで，驚いた。

2 スピーチを教材研究する

「先生，このネタをどうスピーチにされるのですか」
「時間だよ。簡単にスピーチになるもんじゃない。何か月も前から考えに考えるんだよ。この時期にはこういう話がいいということを年間を通して考える。伝えたいことを決めたら，次はどんな具体例を持ってくるかだね。そのときにさっきのカードの束が役に立つ。そうしてやっと話になりそうだな

と思えたところで,文章にしていき練り上げる」
　「先生のお話は,本当に分かりやすいんですよ。秘密はどこにあるんですか」
　「そこまで聞くのか」と言われ,ちょっと間があってから,こう言われた。
　「日曜日の午後は,毎週練習だよ。声に出して何度も練習,最後は家内に聞いてもらって,分かりにくいところを指摘してもらうんだよ。そうやっているうちに内容は頭の中に入ってしまう。それくらいでないと,生徒の前では話せない。教材研究だよ」

3　職員を鍛える

　こういう実践家の校長の下で働けるというのは,ありがたいことだ。朝の職員打合せでも職員会議でも,いい加減な話はできない。ポイントが押さえられていない説得力のない話では許されないという雰囲気がある。話をするときは,常に緊張を強いられた。
　しかし,そんな緊張感も吹き飛んでしまうような,うれしいことがある。話し終わった後,メモ用紙が渡されるときがあるのだ。Ａ５サイズの反故紙の裏だ。そこには,こんなことが書いてある。
　「お見事,分かりやすい」
　「具体例がとてもよい！　説得力あり」
　「うまい！　これなら職員は動く」
　うれしかった……,本当にうれしかった。
　よし,次に話すときはもっと分かりやすく話すぞ！　もっと説得力のある具体例を考えるぞ,と意欲をかきたてられた。
　今から思えば,伊藤校長に鍛えてもらっていたわけだ。厳しいことは何も言われない。でも,厳しかった。

4　答辞を国語科の集大成とする

　一番緊張を強いられたのは,卒業式の送辞・答辞の指導だ。取り分け答辞

の指導は，ものすごいプレッシャーがあった。伊藤校長は，「卒業式の式辞は，前年の9月から考え始める」とおっしゃっていた。伊藤校長の式辞を食ってしまうような答辞を目指さないと国語科として顔向けができないくらいの気持ちでいた。体育科の体育祭，音楽科の合唱コンクールと同じように，

> 国語科の指導の集大成が送辞・答辞の指導だ。

　12月の中旬，冬休み前に，卒業生の代表を学年に決めてもらい，すぐに指導に入った。
　「冬休み中に答辞で伝えたいことを三つ考えてきてほしい。伝える相手は，在校生，保護者，家族，地域の人です。みんなあなたに関わりのあった人ばかりだよ。この人たちに3年生を代表して何を伝えるのかじっくり考えてきてほしい」
　休み明け，伝えたいことを確認し，「この三つの中で，どれが一番伝えたいのかな」と尋ねる。生徒は，迷う。中には，一晩考えさせてほしいという生徒もいた。
　一番伝えたいことが決まったところで，その伝えたい，あなたの思いを会場の人たちに「そうだよなあ，なるほどこう考えていたのか」と思わせるには，学校生活の中のどんな場面を具体例として出したら効果的なのか考えさせる。
　これには時間がかかる。二つ目，三つ目に伝えたいことの具体例も含めて，1週間以上の時間が必要である。そして，その具体例を検討する。「これでは伝わらない，あなたにしか言えないことを思い出そう」と促す。
　この作業後に，この三つをどんな順で話していくのか，構成を考える。

5　プロに学ぶ

　原稿ができる。何度も読みの練習をする。卒業式1週間前の日曜日，プロの司会者を招聘し，図書館で指導を受ける。これには国語科全員が参加する。

教師の勉強会でもあるのだ。

　最後は，会場でマイクを通した練習となる。冷え切った体育館だが，熱いものがある。

　プロは手本を示さない。何回も指導を見てきたが，一度たりと，このように読みなさいと真似をさせることはなかった。

　「〇〇という言葉に力を入れて」「ここで間（ま）をもう少しとって」などという指導で，生徒の読みはどんどん変わっていくのだ。ある年の指導をまとめたものを紹介しよう。一番勉強になるのは，教師だった。

　スピーチ指導の集大成であり，国語科教師として最高に鍛えられる場ともなった。

　プロの指導後には，その内容を文書にまとめ，国語科で共有した。次年度以降の指導に生かすようにしたのだ。その文書を紹介しよう。【資料】

6 伝統をつくる

　ＢＧＭは，３曲ほど示し，本人に選ばせる。伝えたいことに一番合っているのは，どの曲であるか考えさせる。バッハの「Ｇ線上のアリア」のような叙情的でもの悲しいものよりも，ブラームスの交響曲第１番の第３・４楽章が選ばれることが多かったように思う。

　卒業式後には，当日使用したＣＤに３年生職員の寄せ書きをして，答辞を読んだ生徒にプレゼントした。一生の思い出だ。

　また，式後，全職員の机上に答辞の原稿が配付される。この文書は，後日，在校生に紹介されることだろう。あるいは，新年度の学級開き，授業開きで読み上げられるかもしれない。先輩の思いを，それは達成感ばかりでなく，挫折体験を語るものでもあるが，後輩に伝えられていくのだ。毎年毎年，連綿と続いていくこういう作業が，学校の伝統をつくっていくのだ。

　国語科教師として，この答辞指導が伊藤校長の教えへの答辞でもあった。伊藤校長には，本当に鍛えてもらった。ちなみに伊藤校長の専門教科は理科だ。国語ではない。

【資料】プロによる話し方の指導を受けて

プロによる話し方の指導を受けて

① 一番言いたい言葉を強く！
　一番言いたいのはどの言葉か。その言葉こそを強く話す。また，小さく区切らず一気に話す。
　強調しようとすると，文末を強くしがちなので，気をつけたい。

② 全体を見よ！
　細かい部分よりも，全体を眺め，それぞれの段落の出だしの入り方に工夫をすること。
　答辞は，しんみりとしたものにしたいということで，低く入りすぎている。暗い雰囲気になっている。段落の出だしは腹に力を入れてやや高めに入る。

③ 聞き手のことを考えて切れ！
　読点や句点にこだわらない。一つの意味としてのまとまりを大切にして，相手が聞き取りやすいところで切る。切りすぎると，かえって聞きづらくなることも頭に入れておく。

④ 間をとれ！
　意味の切れ目で，間をとる。その間は，内容によって，一呼吸あるいは二呼吸というように，その間の長さも考える。

⑤ イメージを伝えよ！
　修学旅行のように明るい思い出は，明るく読む。楽しいイメージを伝えようと心に言い聞かせ，声を高くして話し出すなど工夫する。

⑥ 出だしは中間の声で始めよ！
　出だしは，普通の声でも高い声でもいけない。普通と高いの中間くらいで始める。

⑦ 最後まで気を抜かない！
　「最後になりましたが，」「まだまだ名残は尽きませんが，」という最後の

段落の前に一番言いたいことがある。この一番言いたいことを言った後，ふっと抜けてしまう。最後の一段落，気を抜かずお腹に力を入れ，緊張感を持続させる。

⑧　ＢＧＭは話し出してから！

話す前からＢＧＭを流すと，聴衆はＢＧＭに神経がいってしまう。話し出したところで入れるのがよい。

⑨　指導時，うなずきながら聞け！

なんとなく聞かない。生徒の読んだところ，特に強調して読んだなと分かるところで，うなずいてやる。即時評価となる。

⑩　読み終わったら，まずほめよ！

ほめてやることで，生徒の心のコップが上向きになる。つまり，こちらの指導を受け入れる準備ができる。

○　背筋がブルルッ！

司会者の方の指導を受けて，二人の生徒はすぐに改良していきました。指導を素直に受け入れ，素晴らしい話し方になっていきました。そのとき，プロの方と一緒に来校された大西さんの言われたことです。

「ここの中学校の生徒は賢いねえ。指摘されたことをすぐに直すんだよね。それだけの力を持っているね。先生，怖いねえ。『先生の指導したこと＝生徒の姿』になるね。先生の力の分だけ，生徒は伸びる。先生に力がないと，生徒は先生の力のところでストップしてしまう。先生が一番学ばないといけないのが学校だよ」

自分は，どこまで生徒の力を伸ばしているのか？
力のある生徒には，力のある先生が必要！
自分は，どうか？
怖くなりました。

Chapter2　授業力を磨く！話すこと・聞くことの指導技術　53

Chapter3
授業力を磨く！書くことの指導技術

17 メモを大切にする

1 投げ方と作文は似ている

　野球のピッチャーの話である。投げ方にもいろいろある。フォームを固めるための投球練習がある。より良いボールが投げられるようにひたすら投げ込むのだ。次に打者に対しての投球だ。２種類の投げ方がある。一つは大きく振りかぶって投げる方法。塁上に走者がいないときの投げ方だ。もう一つは投球動作を小さく素早くすることで盗塁を防ぐ投法だ。クイック投法と言う。ピッチャーはこれらの投法を意識的に行っている。

　作文もこれに似ている。

2 書くにも３種類ある

　青木幹勇という国語の先生がいた。「第三の書く」ということを提唱された（『第三の書く』国土社）。

　まず，書写を第一の書くとした。正しい文字を書く能力，丁寧に書く態度をねらいとしている。ひたすら書くばかりでなく，どうしたらうまく書けるようになるのだろうという思考も大切になる。野球で言えば，投球練習だ。

　次が作文，これを第二の書くという。課題設定や取材→構成→記述→推敲→交流という流れで行われるものだ。私たちが「作文」と呼び，教科書には作文単元として位置付けられている。大きく振りかぶって投げる方法と言えるだろう。

　書くことはそれだけではない。

　第三の書くがあるというのが，青木先生の考えである。本来のフォームとは違い，素早い投球が要求されるクイック投法だ。

3 第三の書く

　書写でもなく，作文でもない。しかし，とても大切な書くということがある。例えば，人の話を聞いてメモをすること，上司への連絡事項をまとめること，自らが話すために内容をメモすること，読んだ本の内容を抜き書きすること，作品を読んだ感想や意見を書くことなどがある。

　これらは，書写や作文とは違った機能がある。授業の中では，視写，聴写，感想，要約などと言われている。これらは個々別々に存在しているようにとらえられていた。青木先生は，これらを一つに束ね，新しい名称を付けた。それが「第三の書く」である。

　名前が付いたということは，新たな概念が生まれたということである。これら一つ一つも「書く」ということなのだという主張なのである。

　「第三の書く」には，視写，聴写，メモ，筆答，書き抜き，書き込み，書き足し，書き広げ，書き替え，書きまとめ，寸感・寸評，図式化などがある。これらもれっきとした書くことなのだ。

　私たちの日常生活で，作文を書くことは多いとは言えない。むしろ，この「第三の書く」こそが，日常生活の中では重要だ。誰もが，ちょっとしたメモで記憶と思考を助けられたという体験があるはずだ。

　クイック投法は素早さが要求される。だからフォームがくずれても仕方がないものとは言えない。クイック投法にもきちんとしたフォームが必要なのだ。練習するしかないのだ。

4 付箋紙に書く

　私は，文学的な文章や説明的な文章の読みにおいて，初発の感想や自分の考え，学習のまとめや授業の感想などは，原稿用紙でなく，縦3㎝・横5㎝の付箋紙に書かせている。生徒は嫌な顔一つすることなく書く。一人一人の付箋紙を座席表に貼り，印刷したものを学級全員に配付してもいる。生徒は，表現することそのものを嫌っているのではない。構えずに書かせることだ。

18 自分にしか書けないことを書く

1 楽しく書く

　書くという行為には苦痛を伴う。これを忘れて指導にあたったときの生徒の苦痛は，授業者以上のものがある。いかに楽しく書くことができるのか，それを考え実践するのが作文指導の根幹である。
　その作文指導で私が毎回言っているのは，これだ。

> 　自分にしか書けないことを，誰にでも分かるように書こう。

　井上ひさしの言葉である（井上ひさしほか　文学の蔵編『井上ひさしと141人の仲間たちの作文教室』新潮文庫）。
　自分にしか書けないことを書くというのは，自分に集中するということである。身を縮めて自分自身を見つめ，自分が一番大事に思っていること，辛いと思っていること，うれしいと思っていることを書く。一言で言うと，「自分研究」である。
　ただ，自分はこうだ，と言うばかりではいけない。何と言っても独りよがりになる。自分では間違いなくAであると確信していても，ある人との話を通して，あるいは文献を通して，「そうか，こういうBという考えもあるのか」と自分自身のAという考えを揺さぶられることがある。時には，Aという考えを撤回すべきであると自らが自らに迫ることもあるはずだ。

2 誰にでも分かるように書く

　誰にでも分かるように書くというのは，「読み手」のことを考えるという

ことだ。日記なら、どのように書いてもいいだろう。自分だけが分かればいい。作文は違う。相手がいる。相手意識を持たないと思いは届かない。この文章を読むのはどんな人なのか、この内容に興味のある人なのか、ない人なのか。こういったことを意識するだけで、文章の内容や構成は違ってくるはずだ。

段落の一字下げについても、規則だからやっているわけではない。ここで、内容が変わりますよという表示だ。段落とは、「一つの考え方のまとまり」なのだから、一字下げによって読み手をこれから新しい考え方に移りますよと導いているわけである。誰にでも分かるように書く手だての一つなのだ。

そういったことを教えずに、闇雲に段落のはじめは一字下げよと言っても何の効果もない。まず、一つの段落には一つの考えが書かれているということこそを教えるべきだ。その印が一字下げという形であり、下にマス目が空いていても改行することだよと教えたい。

3 「むすんでひらいて」が作文だ

「自分にしか書けないことを、誰にでも分かるように書く」ということを加藤典洋が分かりやすく説明している(加藤典洋著『言語表現法講義』岩波書店)。「むすんでひらいて」という童謡である。

自分にしか書けないこととは、収縮、集中、「むすんで」のことで、誰にでも分かるように書くということは、拡大、開放、「ひらいて」ということである。「むすんで」という自己凝縮と、「ひらいて」という他人への関係認識が大事だと言ってるわけだ。作文とは、「むすんでひらいて」をやることなのだ。

ということで、作文を書くときに、私はこの「自分にしか書けないことを、誰にでも分かるように書こう」という言葉をありがたい念仏のように繰り返し唱えるわけである。1年もすれば、「作文とは?」と言えば、全員がすらすらと「自分にしか書けないことを、誰にでも分かるように書く」と言うようになる。こうやって、文章を書くときは常に意識するようにさせている。

19　考える時間を確保する

1　書く前に予告する

　作文を書くときには、「自分にしか書けないことを、誰にでも分かるように書こう」という言葉をありがたい念仏のように授業では繰り返し繰り返し唱えることについては、前回紹介した。
　ところで、生徒には意識させないで授業者として念仏のように唱えていることがある。それが、この言葉である。

> 　考える時間を確保せよ。

　文章を書けと言われて、すぐに書けるだろうか。まず書けない。作文には、考える時間が必要だ。書けと言われてすぐ書けると思っているのは、文章をまともに書いたことがない人に違いない。
　私は、作文を書かせるときは、前もって予告しておく。次はこんな文章を書くからねと前単元の学習時に言っておく。作文の授業が始まるやいなや、唐突に「書け」と言われても書けるものではない。
　この作品を読んだ後で、主人公に手紙を書くからね。枕草子の第１段を読んだ後で、現代版枕草子を書くから、登下校のときに四季の移り変わりを意識しよう、字数は400字。というように事前に予告することが大切だ。生徒に構想を練らせる時間を確保するということだ。
　そうすることによって、作文を書くという意識ばかりでなく、作文を書く前の学習も変わってくるだろう。なんとなく作品を読むことはなくなるはずだ。枕草子という古文の受け止め方も違ってくる。

2 思考方法を学ぶ

考える時間を確保することと並んでもう一つ大事なことがある。

> 思いついたことをメモする。

　単純なことかもしれないが，なかなか実践されていない。常に筆記用具を持たせることが必要だ。学校生活は，国語，社会，数学という教科の学習，部活動，友達とのおしゃべりなど，いろんな活動でいっぱいだ。自宅に帰っても，一人思い悩むことだってある。国語の作文など，そういう活動の中にあっては，ちょっとした一つのことかもしれない。

　しかし，作文を書かなくてはならないということは，意識されているはずだ。毎日の生活の中で，ふっと「あっ，これだ！」と思いつくことがあるかもしれない。それをさっと拾い上げるのが，メモすることだ。頭の中に生起したことを形として残すということである。

　作文の授業では，テーマに関連する重要な言葉をキーワードにして，連想した言葉を結び付けていくマッピング法を取り入れることが多い。メモすることは，この考え方と同じである。思考の方法を指導しているのだ。

3 付箋紙を配付する

　具体的な方法としては，生徒に縦3cm・横5cmの付箋紙を持たせることだ。一人に10枚渡し，思いついたことをメモしておきなさいと指示を出す。「ちょっとしたことでいいんだよ。殴り書きでもよいからさっとメモしておきなさい」と言うことだ。簡単なことだと思わせることだ。

　作文の構想を練るときに，この付箋紙を活用させる。マッピング法なら，そのマップの上に貼らせる。こういった取り組みによって，授業外でも授業内でも，「あっ，いい考えが浮かんだ」という言葉が聞かれるようになるはずだ。

20 原稿用紙をつくる

1 文章構成を指導する

　どうすれば作文の構成について，分かりやすく指導することができるか。
　私は，原稿用紙を創作した。大きさは，Ｂ４サイズ。そこに400字詰めの原稿用紙が４枚入るようにした。原稿用紙４枚分を一覧することができる。全体のイメージとしては，次のようになる。

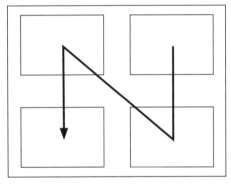

　薄い青色でマス目が印刷してある。生徒が書いた原稿を印刷機で読み取ったときに，生徒の書いた文字だけが写り，マス目は印刷されないようになっている。
　原稿用紙の左下には，「一宮市立○○中学校」と，これも薄い青色で入れた。学校名があるかどうかは，生徒の気持ちとして大きく違う。作文を書くときは，いつもこの用紙を２枚配付する。１枚は下書き用，１枚は清書用である。
　実際の使い方は。こうだ。
　書き上げられた原稿を一覧し，大きなまとまりごとに赤線で囲む。そして，「このまとまりは，他と比べて短いから，もう少しふくらませてみよう」というように指導する。全体の構成をつかむことが容易である。起承転結，序論・本論・結論などの指導はもちろんのこと，段落と段落のつながりの指導にも役立つ。
　作文を俯瞰してとらえることが容易にできるわけである。

2 原稿用紙を改良する

　B判よりもA判が主流になってきた頃から，この原稿用紙にも改良が必要になってきた。ふだんの授業で3枚書くことは，ほとんどない。せいぜい2枚800字までだ。

　そこで，考案したのが，次の原稿用紙である。大きさは，Ａ４サイズ。そこに400字詰めの原稿用紙が2枚入るようにした。授業では，この原稿用紙を使うことの方が多い。次のようなイメージになる。

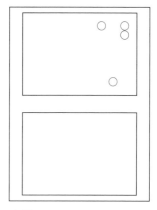

　この原稿用紙の作成に関しては，いろいろと工夫を施した。

　1行目。題名は，2マス空けるように，行のはじめに〇を二つ付けた。

　2行目。氏名を書くときは，最後の1マスを空けて書くように，行の終わりに〇を一つ付けた。

　3行目。書き出しは，1マス空けるように，〇を一つ付けた。

　これだけで，原稿用紙の使い方を簡単に指導できる。

　そして，左の欄外には，「※句読点・符号は，行の最初には書きません」と入れた。このことを徹底させるには，かなりの根気がいる。行の最初に句読点や符号があれば，赤で×を付け，その×と欄外のこの一文を線で結べばいいわけである。

　また，この原稿用紙は真ん中で横に切れば，400字詰めの原稿用紙になる。授業のまとめなどは，この用紙に書いて提出するようにした。次時に返された用紙は，そのままノートに貼り付けておくことができる。

　たかが原稿用紙である。しかし，どうすると効率的に指導できるようになるかを考え，開発していく過程は，わくわくする。印刷業者への注文は1000枚単位になるので，失敗は許されない。そういった緊張感も心地よい。

21　文集をつくる

1　1時間で完成する

　文集をつくるというと，とても大変な作業のように思われるかもしれない。これも工夫次第である。
　「20　原稿用紙をつくる」で紹介した原稿用紙には，下に ― ― というものが薄い青色で付けてある。これは，文集のページ数を入れる位置を示している。このページ数を入れるという作業だけで原稿は完成だ。ページ数を入れ，印刷機の上に載せて印刷。丁合（ちょうあい）機にかける。綴じる。

【原稿用紙のマス目は出ない】

これだけの作業である。慣れてくれば，1時間もあれば完成する。写真のように，原稿用紙のマス目も出ない。これを，学級の全生徒に配付する。そして，一人一人，この作文はここがいいとほめる。これが，作文の評価である。

2　一生残る文集をつくる

　表紙と奥付だけは，次ページの写真のようにつくる。文集は，一生残るものだ。現にクラス会が行われるときは，この文集を持参する。「今日は懐かしいものを，約束どおり持ってきました。あのときの文集です。○年前の皆

さんがこの中にいます。じっくり読んでくださいね」と挨拶で話したときの歓声が、いつも一番大きい。

「約束どおり」とあるように、作文を書くときは、「一生残ることを意識して書こう。将来クラス会や結婚式で読み上げるかもしれません」と言ってきたのだ。教え子の結婚式で実際朗読したこともある。会場は、しいんとする。作文は、人となりを伝えるからである。「新郎は中学時代こんな作文を書いた心優しき男です」と締めくくれば、余計なことは話さなくてすむ。

【表紙】

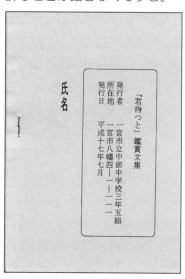
【奥付】

3 授業者こそが書く

そして、文集づくりで一番大切なことは、これだ。

それは、授業者が生徒と同じだけの分量を書くということだ。そして、文集に自分のその文章も掲載することだ。いかに作文を書くということが大変なことか、まず授業者が実感することである。そこから、生徒への指導が始まる。この作業があるからこそ、書けない生徒への声掛けが違ってくる。「早く書け」などとは決して言えない。

22 報告文を書く

1 楽しく，たくさん書く

　書く力を付けるには，書く機会を多くつくり，短い文章や長い文章をとにかく書かせることだと考えている。ワークシートの工夫とか相互評価の導入とか，いろいろな方法はあるだろうが，まずはたくさん書かせることを第一にして実践をしている。

　さらに，作文の授業，とりわけ取り立て指導においては，楽しく書けなければ授業は失敗だと考えている。作文の授業は嫌だと思われるようでは，やらない方がいいくらいにとらえている。

　書くという行為は，自分自身に問いかけ，自分自身と対峙する活動であると言ってもよい。当然のことながら，苦痛を伴うはずだ。苦痛を苦痛と感じても，だから書くのは嫌だとなるのではなく，苦しくても，書くこと，表現することに喜びを感じるような授業にしなければならないと自分に言い聞かせている。

　そこで，次の三つの力を付けるための報告文を書く授業を構想した。
① 　調べる方法について体験的に理解することができる。
② 　事実と意見を区別して記述することができる。
③ 　友達の報告文のよさを，自分の表現の参考にすることができる。

2 学習の流れを考える

　中学３年生を対象とした，全７時間の授業である。教科書はあくまでも参考書，資料というとらえで使用し，学習の流れは授業者が考えた。

　主な学習内容を次ページに示そう。

①　自分が興味・関心を持っていることを発表する。
　　国語に関わらず，ゲームであろうが，釣りであろうが，ファッションであろうが，何でもよいから挙げ，そのよさを発表する。
　　なお，本単元に入る2週間ほど前に，次の単元では興味・関心を持っていることに関して報告文を書くということを知らせておく。突然，「報告文を書きます」では，生徒はとまどうだけである。
②　昨年度の3年生の報告文集の中から優れたものを10あまり選び，印刷・製本したものを「報告文傑作集」として配付し，目を通す時間をとる。
③　書く手順をまとめた「学習の手引き」の内容を理解する。【資料1】
　　調べる方法，報告文の書き方については，教科書を参照する。おおまかな説明を聞きながら教科書を通読する。教科書は，あくまでも書き方の資料というとらえで使う。記述の段階になれば，何も言わなくても，教科書の内容を自分の報告文に取り入れるようになる。また，「報告文傑作集」も参考書の役割を担うことになる。
④　「学習の手引き」の左に調べる課題を書き，授業者に提出する。
　　授業者は，どのような方法で調べるかを確認するとともに何か一つ助言をする。
⑤　報告文を書くための構想を練る。
　　学校図書館・地域の図書館等で収集した資料を整理する。
⑥　自分が持参した資料をもとに，インタビューやアンケートの内容などを考える。
⑦　報告文を原稿用紙でなく，B4サイズ用紙1枚にまとめる。その方が作文に対する抵抗が少なく，図表なども入れやすい。報告文は，調べた事実だけでなく，必ず「まとめ」「考察」，あるいは「調べた感想」を書く。
　　報告文を書く途中，友達の調べる方法や報告文のよさを参考にさせるために，自由に席を立たせ，友達と意見交換する場を1，2度設ける。
⑧　教師が印刷した学級全員の報告文を1冊の文集にし，読み合う。
⑨　友達の報告文のよいところを見つけ，それを発表する。

【資料1】学習の手引き

調べて報告しよう　学習の手引き

この単元では、目的に応じた的確な方法で調べ、その調べたことを整理して報告文を書きます。具体的には、次の手順で書きます。

一　何を調べるのかという、調べる課題を明らかにします。
  例① 修学旅行先について調べよう
  例② 新聞から慣用句を採集しよう
  例③ 「手」のつく言葉を調べよう
  例④ 漢語の仕組みについて調べよう

二　調べるにはどのような方法があるのかを知ります。
  ① 新聞や本、雑誌などの資料による方法
  ② 相手から直接聞き出すインタビュー法
  ③ あらかじめ知りたいことを項目に立てて尋ねるアンケート法
  ④ 直接観察して確かめる方法
  ⑤ 実験を繰り返して確かめる方法

三　実際に調べます。
  この際、必ずメモを残すこと。これが元になります。

四　調べたことを整理します。
  資料やメモを元に、分かったことにつき、どのように整理するとよいか、工夫します。

五　「四」でまとめたものを元に報告文を作成します。
  この際、自分の感想などを必ず入れます。報告文については、冊子にまとめ、みんなで読む予定です。

調べる課題　　　　　　　三年　組　番　氏名　　キリトル

3　他教科でも生かす

　一人B4サイズ用紙1枚とはいえ、学級で文集にすれば、厚さ5mmとなる。生徒はその重みを実感するとともに、友達の報告文に興味深く目を通した。時折「これ、おもしろいよ」という声も聞くことができた。友達の意外な一面に触れた驚きの声も聞こえた。

　文集の内容は、ロックバンド、ゲームソフト、Jリーグ、中学生人気小物、新聞記事比較、北川屋（学校近所のお好み焼き屋）に迫る、ディズニーランドの食事の値段、中学生の好きな本、大相撲、ヒット曲の分析など、ユニークなものとなった。【資料2】

　修学旅行の体験をもとにしたものや得意分野の蘊蓄（うんちく）を傾けたものなど、一人一人の個性が伝わってくるものばかりだった。

　その後、社会科や音楽科の調べ学習でインタビューやアンケートを行うなど、他教科の学習にもここで学んだことを生かすことができたようである。国語科が学校教育の基礎にはたらく教科であることを実感した。

【資料２】ヒット曲の分析

23 事実を客観的に書く

1 国語科だから書ける？

　生徒指導主事だったときに、はたと気付いたことがある。
　それは、事実を書くということの難しさだ。毎日のように起きる事件を文章に書くことができない。ううん、困った。周りからは、「伊藤さんはいいよね。国語科だから、すらすら報告書が書けるよね。僕は、理科だから苦労したよ。何度も何度も直され、嫌になっちゃったよ」といった言葉を何度も聞かされた。歴代の生徒指導主事は、書くということに苦労を重ねてきたわけだ。
　国語科だからといって、簡単に書けるわけではない。そもそも国語科で事実を客観的に記述するという授業はやっていない。ほとんどが意見文であり、感想文である。私自身、義務教育でも、高校でも、大学でも、そんな授業は受けていない。事実ははっきりしているのだから、それをそのまま書くだけじゃないか。簡単なことだ。そんなふうに私も思っていた。
　ところが、書けないのだ。文章が冗長になり、結局どんな事件が起きたのかがはっきりしない、情けない報告書になるのである。
　打開策としてとったのは、過去の報告書から、これは分かりやすいというものを探し、その書き方を真似るというものだった。結構これが役に立ち、ある程度、自分の報告書の枠組みをつくることができた。打開策の二つ目、これと並行して、新聞の書き方も真似してみた。いわゆる5W1Hだ。これって、「知恵」だなと思った。長年伝えることを使命としてきた新聞記者が必然的に生み出したワザのすごさを感じた。知識としての5W1Hではなく、実際に文章を書くための5W1Hである。

2 プロに学ぶ

　そこで思いついたのが，新聞記者とのティーム・ティーチングである。
　新聞記者は，文章を書くプロだ。その記者と授業を行ったら，生徒だけでなく，自分自身の勉強にもなる。情けない話，報告書のような実用文を書くという経験を，教師はしていない。誰もがレポートの提出を嫌がるではないか。
　一文を短く，主語と述語を入り乱れさせない，修飾語と被修飾語はなるべく近くになど，こんなことさえ中学校では教えていない。こういったことを教えたいと考えた。
　こんな授業だ。【資料】
　授業のはじめに，新聞記事にはどんな工夫が隠されているか考えた。はじめに一番大切なことが書かれ，後から付け足していくという「逆三角形」の構造になっている。それは５Ｗ１Ｈと言われる形式になっていることなどである。新聞記者に具体的に説明もしてもらった。その後，ＤＶＤ「ウサギとカメ」（『ポムポムプリンのウサギとカメ』株式会社サンリオ）を視聴し，事実を正確に伝える文章を書いた。そして，生徒が書いた文章の優れているところを，新聞記者にコメントしてもらったのだ。
　事実を正確に伝えることは，難しい。知らず知らずのうちに書き手の感情が付け加わってしまう。なかなか書けるものではない。だからこそ，「いつ，どこで，だれが，何をした，なぜ，どのように」という形式がいかに有効であるかが，書いてみてはじめて分かる。それらを，新聞記者から教えてもらい，作文にコメントしてもらえるというのは，事実を正確に伝える文章を書くためのポイントをつかむ有効な手だてとなった。
　中日新聞の長田真由美記者は，この授業を取材しながら，生徒と同じように作文を書いた。前もって書いてから来校されるのかと思っていたら，「生徒と一緒に書きます」と言われた。その書く速さが，またすごい。さっと書いて，生徒の記述内容を一人一人見ながら，誰の作文を取り上げるか考えて

いる。参った。まさにプロ。教師としてのプロ意識を持たねばと強く感じた1時間の授業だった。

　ちなみに，授業前に私が書いた文章は，これだ。長田記者からどんな指摘を受けたかお分かりになるだろうか。

カメ、大逆転勝利

　二月一日、大和南山で、ウサギとカメの山のてっぺんを目指すバトルが行われ、カメがわずかの差で勝利した。
　スタートからウサギが目指すかに大きくリードし、そのままゴールするかに見えたが、ゴール直前に昼寝。その間にカメが追い抜き、頭一つの差でテープを切った。
　カメは、プリン一年分を獲得した。まじめなレース運びをたたえる伴走したプリンの言葉に、カメは「ただ山のてっぺんに来てみたかっただけ」とさらりと答えた。
　賞品のにんじん一年分を惜しくも逃したウサギは、がっくりと肩を落とした。次回のレースが楽しみになってきた。

　答え。「第3段落の最後の一文にある『さらりと』は，情意的な言葉で，事実を伝えるにはよくないですよ。それから，最後の一文，これって，伊藤先生の気持ちですよね。これも，ＮＧです」。

　長田記者の書いた文章も，紹介しよう。

カメくん〝頂上〟制す

　ウサギとカメが山の頂上を目指すレースが二月一日、大和南山であった。わずかな差でカメがレースを制し、賞品のプリン一年分を手にした。
　レースには、カメの仲間「プリン」も参加。カメはわき目もふらずまっすぐ進むが、プリンは道端の花や雲を見て、カメの歩みをしばしば邪魔した。
　一方、ウサギはゴール手前で昼寝。その結果、カメが見事に一位でゴールした。「一度も休まず歩いたカメくんが勝った」とたたえるプリンに、カメは「一度、お山のてっぺんに行ってみたかっただけ」と答えた。

【資料】国語科学習指導案

第2学年1組　国語科学習指導案

　　　　　　　　　　授業者　一宮市立○○○中学校　伊藤　彰敏
　　　　　　　　　　　　　　中日新聞　教育報道部　長田真由美

1　教材名　　新聞記者に挑戦！
2　目　標　　事実を正確に伝える文章を書くことができる。
3　身に付けさせたい技能
　①　5W1Hを意識して書く。　　②　一文を短くする。
　③　「思う」「らしい」は使わない。　④　読み直し（推敲）を行う。
　⑤　手元に国語辞典を置いて書く。
4　指導過程（50分）

学　習　活　動	指導上の留意点等
1　本時の学習目標を知る。	○　本時は，事実を正確に伝える文章を書くことを知らせる。
2　新聞記事にはどんな工夫がされているか考え，発表する。	○　5W1H，記事の逆三角形，見出しの工夫などについて思い出させる。 　　発表がないときは，新聞記者が教える。 【教える内容例】 　・一文を短く書く。 　・「思う」「らしい」は使わない。 　・見出しは，10文字以内でまとめる。
3　DVD「ウサギとカメ」を視聴し，記事の内容を考える。	○　メモをさせる。 　　視聴した後，5W1Hを確認させる。
4　事実を正確に伝える文章を書く。 （新聞社の12文字×10行の原稿用紙を使用し，20行以上書く）	○　見出しも書かせる。 　　「○付け法」を行う。 　　書けていない生徒には，5W1Hを確認させる。
5　正確に書けている作文のよさを理解する。	○　正確に書けている作文を実物投影機に映し，新聞記者のコメントを聴かせる。 　　最後に新聞記者の文章を紹介する。
6　事実を正確に伝える文章を書くポイントについてまとめる。	○　今の自分にとって何が最も大切なポイントかを考えさせる。

24 読書感想文を書く

1 感想文は書きたくない

　文章を書くには，表現意欲と表現技術が必要である。
　では，どうすれば，この両者を満たす指導ができるのか。全く満たしていない指導からお話ししよう。表現意欲を喚起する指導なし，表現技術の指導もなし，そういった指導が今も結構行われている。
　ずばり，読書感想文の指導である。「指導」という言葉を付けることもはばかられるようなことが今まで（今も？）行われてきた。夏休みの宿題として課されるのが大半だ。
　私が教職に就いた頃は，夏休みの課題一覧表に「読書感想文　400字詰め原稿用紙5枚　提出日は9月1日」とだけ書かれていた。子供たちは何も言わず，夏休みには書くものだとあきらめていた。小学校からの指導は効果をあげ，抵抗しても無駄だという諦観にも似た気持ちにさせていた。夏休みには感想文を書くものだと何の疑問もなく，ただ嫌だなあという思いだけを休み中ずっと心の隅にしまい込み，長い夏休みを過ごすのである。心理学の実験で，意味もなく電流を流され続ける犬が無気力になっていくというのがあるが，まさにあれだ。私自身，今年はいい感想文を書くぞ，と奮い立ったことなど，天地神明に誓い，一度もない。ただただ嫌だった……。

2 読書感想文の役割を考える

　夏休み前，読書感想文の書き方といった指導など一度も受けたことがない。自分が教師になった頃もそうだった。ただ「書け」の一言だった。原稿用紙の使い方だの，文章の構成だの，そんな指導など一切なし。夏休みはプール

に行くものだと同じくらいに、夏休みは読書感想文を書くものだということが刷り込まれていた。この刷り込み以外の何物でもない。

感想文の書き方などという技術など必要ない。ただただ原稿用紙のマスを埋めていくだけ。苦行である。

ある者は文庫本の解説を丸写しした。「もし日本語という言葉の障壁がなかったら世界でもっとも知られたユーモア作家の一人になっていただろう」という書き出しで始まる感想文を書いた生徒を叱ることなどできない。つらかっただろうな、でも書いたんだよな。苦しかっただろうな、頑張ったなあ……。

ある者は唐突に終わっていた。しかも２枚目の途中で。「ところが主人公は予想外の行動に出ます。読んでいて、」で終わっている。つらかったなあ。ここまで書いて登校時刻になったのかなあ。続けて書こうとして詰まってしまい、眠りに落ちたのだろうか……。

読書感想文は長い長い休みの期間、野放図になることを戒めるための重しのような役割なのかもしれない。とにもかくにも書くことの指導になっていないことは確かである。

3 書き方を指導する

30年以上前の話である。当時、感想文を読むのは、学級担任だった。そこで、代表作品が選ばれ、国語科の教科担任に数点渡される。教科担任は、その中から学年代表を選んでいた。つまり、国語科の教師も提出された全作品を読んでいなかったわけだ。評価は提出したか否かということだけだった。あまりにもひどすぎる。

これでは、指導したとは言えないだろう。

自分がやってきたのは、曲がりなりにも読書感想文の指導だ。特に書く方法を教えようと考えた。そこで考案したのが「ラク作くん　２号」である。

【資料】

楽（ラク）に作文が書けるという、生徒をその気にさせるネーミングの作

文ワークシートである。感想文を書く手順がまとめてある。これがあれば書けるというものではないが、作文を書くということのアウトラインは分かる。こんな内容である。

① 本との出合いを書こう。具体的なエピソードを入れるといいな。
② 本の中で、心に残ったことや初めて知ったことなどを書こう。
　　どこに感動したか、何を知ったのかを読み手に分かってもらうために、最小限、本の内容を紹介します。
③ ②で書いたことに関して、自分の体験や考えを具体的にいくつか書こう。
④ 登場人物と自分を比べてみよう（②と③を比べて、自分の考えを書こう）。ここが最も大切！
⑤ 本を読んで得たことや、これからどう考えていきたいかを書こう。
⑥ 題名を考えよう（ちょっと気取って……）。
　「『走れメロス』を読んで」などという題名では、インパクトが弱いよ！

　このワークシートには、夏休み前の授業で取り組む。時には、夏休み前に読書感想文を書かせてしまうこともあった。
　読む本については、毎時間「読書案内」を発行していたので、それを読み返させ、選ばせた。そのときにも、できるだけ短編小説を選びなさいと勧めた。長編では、あらすじを書くだけでも大変だ。ましてや読み返すことなど、まず無理である。短くて分かりやすい作品を選ぶこと、これがポイントである。読書感想文を書くことで、読書嫌いをつくっては、何にもならない。
　そもそも読書感想文を書くことと読書に親しむこととは、両立しないように思われる。楽しく読むのなら、感想など求めなければいいのだ。長い休みに読書することは貴重な体験だ。休みがあるからこそ読める本がある。
　読書感想文の指導と読書指導とは別物として考えた方がよさそうだ。こういったことに問題意識を持つことなく、生徒に「作文を書け」とだけ言って、指導もせず、評価もせずということだけはしたくない。

【資料】「ラク作くん　2号」

ラク作くん　2号　　組　番　氏名

① 本との出会いを書こう。具体的なエピソードを入れるところだ。

② 本の中で、心に残ったことや初めて知ったことなどを書こう。
　どこに感動したか、何を知ったのかを読み手に分かってもらうために、最小限、本の内容を紹介します。

③ ②で書いたことに関して、自分の体験や考えを具体的にくわしく書こう。

Ⓐ　　　　　　　　　　　　　Ⓐ

Ⓑ　　　　　　　　　　　　　Ⓑ

④ 登場人物と自分を比べてみよう（②と③を比べて、自分の考えを書こう）。ここが最も大切！

⑤ 本を読んで得たことや、これからどう考えていきたいかを書こう。

⑥ 題名を考えよう（ちょっと気取って……）。
　「『走れメロス』を読んで」などという題名では、インパクトが弱いよ！

Chapter3　授業力を磨く！書くことの指導技術

25 意見文を書く

1 書き方を教える

　年間を通して、小中学校には、おびただしい数の作文募集の案内が届く。この原稿を書くために、一度数をまとめようと思い、数え始めたが、あまりの多さに音をあげた。夏休み前には、毎日のように郵送されてくる。それを保管するだけでも、かなりのスペースが必要である。何に応募するのかは、市教育委員会を通して送付されてきたもの、あるいは地域に密着したものを中心に決定する。生徒に課題として提示しているのは、膨大な募集の中から厳選されたものである。

　以前は、この応募作文（意見文）と読書感想文の両方が課題だった。意見文の制限字数は原稿用紙３枚がほとんどだ。生徒は読書感想文５枚と意見文３枚、合計８枚を書いていたわけである。それも、ほとんど何の指導もされないままに。これでは、作文は嫌いになるのは当然だ。しかも、意見文のテーマは、税について、人権について、平和について、などなど。大人でもなかなか書けないものである。

　そこで考案したのが、意見文の書き方を示したワークシートである。名付けて「ラク作くん　１号」。

2 「ラク作くん　１号」を使う

　なんだ、それだけのことか、とお思いになることだろう。しかし、当時は何もなかったのだ。「書け」の一言だけだったのだ。

　「ラク作くん　１号」の中身を紹介しよう。【資料】

① どんなことについて書くか考えよう。
　真ん中の丸い部分に書きたいことを書き，周りに具体的な内容を思いつくままに書こう。
② 伝えたいことを書こう。
③ 中心になる事実・意見を書こう。
　ポイントは二つあります。一つは，どんな体験を書くかということです。そして，もう一つは，その体験についてあなた自身がどんなコメントをするかということです。あなたにしか書けない体験を見つけ，その体験について自分はどう考えるかを書くわけです。
④ 題名を考えよう（ちょっと気取って……）。
⑤ 下書きを大まかにメモしよう。
　書き出し　→　事実①　→　事実②　→　まとめ（意見）

　このワークシートにも，夏休み前の授業で取り組む。すると，読書感想文を書くための「ラク作くん　2号」にも取り組むことになるので，二つも同じような取り組みをすることになる。生徒の負担から言って，大変なことである。そもそも読書感想文と意見文では，書き方が違うはずだ。

3 作文を1点にしぼる

　そこで，こうした。
　読書感想文と意見文のどちらかを書こう。
　夏休みに書く作文を，2点から1点にした。そのかわり，その1点については，指導をして書かせようというわけである。なにもせずに「書け」はやめよう，書く力を付けるための作文指導をしようということにした。そして，指導したからには評価しようと考えた。国語科教師が全編を読み，指導したことこそを評価し，次の作文に生かせるようにした。
　すると，1年目は大変なことが起きた。大半の生徒が意見文を書いてきた。読書感想文は数えるほどしかない。夏休み前には，読書感想文を書くための

「ラク作くん　２号」に結構な人数で取り組んでいたのに，ふたを開けてみると，意見文ばかりである。

　なぜだろう。理由を生徒に聞いてみた。

「意見文は，原稿用紙３枚ですから」

　これだ。選択基準は，原稿用紙の枚数だ。読書感想文は５枚だから敬遠されたのだ。

　次の年から読書感想文の枚数を３枚に変更した。学校から課題として出される作文は，すべて原稿用紙３枚とした。結果，片寄ることなく，分散するようになった。それでも，読書感想文はあまり多くはなかった。それくらい本を読んで感想を書くというのは，生徒にとって高いハードルなのかもしれない。

　感想文の代表作品の枚数は５枚である。これをどうクリアするか。簡単である。これはという作品を書いてきた生徒に「この作品はよかったよ。学年の代表作品に決まったよ。大変だが，これを５枚にしてほしい」と言うのだ。代表に選ばれたことで，「嫌です」という生徒はいない。むしろ満面の笑みで，「ありがとうございます」という言葉が返ってくる。

　ただし，指導はする。特製の原稿用紙を使っているので（「20　原稿用紙をつくる」参照），原稿を俯瞰し大きなまとまりを赤線で囲む。そして，どの部分をふくらませていくのか二人で考えるのだ。時には全体の構成を変える場合もある。生徒は入選を目指して書くことはほとんどない。課題だから書いているのだ。少しでも楽しく，そして書く力が付く指導をしたい。

4　読書感想文は嫌いだ

　夏休みの作文は「外圧」だ。何でも学校に作文を依頼し書かせておけばよい。子供たちは与えられたテーマに関心を持ち，世の大人たちにも，なにかしらの影響力を与えるであろう。そういった企業や団体の考えの下で依頼された作文を書かせることに疑問を感じている。外圧作文に「サヨナラ」をするときは，いつか来ると思う。それには国語科教師の議論が必要である。

【資料】「ラク作くん　1号」

ラク作くん　1号　　組　番　氏名

① どんなことについて書くか考えよう。
　真ん中の丸い部分に書きたいことを書き、周りに具体的な内容を思いつくままに書こう。

② 伝えたいことを書こう。

③ 中心になる事実・意見を書こう。
　ポイントは二つあります。一つは、どんな体験を書くかということです。そして、もう一つは、その体験についてあなた自身がどんなコメントをするかということです。あなたにしか書けない体験を見つけ、その体験について自分はどう考えるかを書くわけです。

⑤ 下書きを大まかにメモしよう。

書き出し

事実①

事実②

まとめ（意見）

④ 題名を考えよう（ちょっと気取って……）。

教師力

話すこと・聞くこと

書くこと

読むこと

伝統的な言語文化・言語事項

Chapter4
授業力を磨く！読むことの指導技術

26 まず活字に触れる

1 寝た子は起こす

　勝負！　毎時間，こんな思いで教室に向かっていた。2階の窓から机が校庭に放り投げられる，防火シャッターのスイッチが押される，投石で体育館のガラスが割られる，そして，対教師暴力…。こんなことが日常化していた。
　授業もひどいものだった。生徒は次々と眠りについていく。一人また一人と伝染していくかのように夢の中に入っていく。中には，授業開始前から，爆睡状態の生徒もいた。授業中は，眠りについた生徒を起こすことに，そして，前を向かせることに必死だった。
　なんとかならないのか！
　まじめに授業を受けようとしている生徒も，かなりいる。その子たちから，あきらめも含んだ「なんとかしてくださいよ」という視線を投げ掛けられるたびに心が痛んだ。授業開始時の気の抜けたような「お願いします」という挨拶を受けるたびに，自分の無力さを思い知らされた。
　そんな毎日の授業だったが，あるとき，不思議なことが起きた。
　授業の冒頭，「昨日，こんな本を読んでさ。これが，おもしろいんだ」と，前日に読んだ小説の話をした。すると，いつも睡魔の餌食になる生徒がじっとこちらを見て，話に引き込まれているではないか。驚きだった。翌日も，翌々日も同じである。聞いているのだ。物語るということには，力がある。
　授業内容の改善として授業の冒頭で本の話をしようと決めた。国語科授業の本質ではないかもしれないが，まず寝た子は起こそう，そう考えた。
　生徒が興味を持ちそうな本を毎時間紹介した。物語を書棚から探し出すのが日課になった。物語ることの力を実感した。

2 まず本を読む

　授業では教科書をひたすら教えていた。その頃ふと思った。これだけ教材を教えても，生徒が本を読もうとしなかったら，自分のやっていることは何になるのだろう。虚しさを感じた。

　読書と言えば，楽しむもの，情報を得るものであろう。しかし，自分が教室でやっていることは，教室の中でのみ完結し，日常の読書活動や言語活動とは隔絶したもののように思えてきた。

　泳ぎ方の学習をいくら繰り返しても，実際に泳がなければ，よりうまく泳げるようにはならない。泳ぐことの楽しさも実感できないだろう。

　そこから，こう考えるようになった。まず読書から始めよう。本，新聞などの活字に触れさせるところから始めようと思った。

　将来本を読んでくれたらいいなという幻想のもと，教室で国語科の授業を行うのではなく，発想を逆転させ，まず読書活動から出発し，その基盤の上に国語科の授業をつくり，さらに将来の読書生活を充実したものにさせようと授業を構想するようになった。

> 　国語科の基盤は，読書である。

　そう考え，実践をスタートさせた。いろんなことに取り組んだ。現在では普通に取り組まれている朝の読書を見よう見まねで始めた。読書案内を発行し，授業の冒頭で紹介した。夏休み・冬休み・春休みには，読書記録を書かせた。どれだけの成果があったのか，数字を出すことはできないが，やったらやっただけのことはあったと思っている。

　読むことの楽しさを実感させない指導はあり得ない。読み方を指導することも大切だが，まず活字に触れさせることから始めたい。

27 本好きな子を育てる

1 読書案内を発行する

　本を読むことが好きな子を育てるために，一番力を入れているのが，読書案内を発行することだ。Ａ４サイズ用紙１枚に１冊の本の内容とそのおもしろさをまとめ，毎時間紹介してきた。【資料１】案内紙には穴が二つ空けてある。生徒は，配付されるとすぐにファイルにとじ込む。１年間で110ページほどの本になる。授業の冒頭数分間の取り組みだが，貴重な時間であると考えている。

　紹介する本は，文学作品だけでなく，ノンフィクションをはじめ，絵本，漫画にいたるまで様々なジャンルのものである。教材との関わりにも留意し，同じ作者の別の作品，同じ問題を別の視点からとらえた作品なども紹介した。読みを学校の授業の中だけで完結させるのではなく，毎日の読書活動に開かれていくように心掛けた。教室の読みは，読書活動の一つであることを認識させようと考えたのである。ある年度の１年生の年間の読書案内一覧表を紹介しよう。【資料２】

2 生徒に聞く

　毎時間の読書案内について，（授業者としては，情けないことかもしれないが）これだけを楽しみにしている生徒もいた。

　毎年，最後の授業では，最も心に残っている読書案内を三つ挙げてもらった。例年，子供たちの心に残る本がある。それを教えてもらうのだ。この結果をもとにして次年度の読書案内の内容を考えた。

　例年人気のあるのは，こんな本だ。

> 『100万回生きたねこ』(佐野洋子)
> 『人にはどれほどの土地がいるか』(トルストイ)
> 『しろいうさぎとくろいうさぎ』(ウイリアムズ)
> 『ぼくを探しに』(シルヴァスタイン)
> 『エヌ氏の遊園地』(星新一)
> 『ズーム』(バンニャイ)
> 『アウル・クリーク橋の一事件』(ビアス)

3 未来に向けて仕事をする

　何よりもうれしかったのは，卒業生の言葉である。学校帰りに立ち寄ったコンビニで，レジのアルバイトをしている卒業生から，「先生，御無沙汰してます。読書案内の本，読んでますよ」の一言をもらったときのうれしさは，言いようもない。

　また，ある保護者からは，「結婚のときの荷物の中に，先生の読書案内を入れていきましたよ」という話を聞いたときは，じいんと感動した。

　もしかしたら，この子たちが父親や母親になったときに，自分の子供に読書案内の中の1冊を勧めることもあるかもしれないと考えると，自分は未来に向けての仕事をやっているんだと思えるようになった。

4 水に文字を書く

　しかし，すべての生徒がこういう思いを持つわけではない。むしろ，ほとんどの生徒の頭の中からは，消え去っていくことだろう。そういう意味では，むなしい仕事かもしれない。森信三も「教育とは流れる川の水に文字を書くが如くむなしいものだ」と言っている。

　このむなしさに絶望することなく，未来に向かって歩みを進めていく。その一つが，読書案内の1枚1枚であると信じている。

【資料１】読書案内

> 読書案内62　**アウル・クリーク橋の一事件**　　ビアス

　これは，本当におもしろい短編小説です。読み終わったときに，「おおっ」と声を出さずにはいられません。

　この作品は，『いのちの半ばに』という作品集の中の一編ですが，他の作品も最後まで読んだところで，ううんとなってしまうものばかりです。小説のおもしろさを必ずや満喫できるはずです。超おすすめ本の一つです。

　書き出しは，こうです。

> 　　　　　　冒頭４行を紹介する

　つまり，主人公であるペイトン・ファーカーは，今，絞首刑にされようとしているのです。

　執行の直前，彼は考えます。この両手が自由になったら，くくりなわを振りすてて，流れに飛び込んでやる。そして，力いっぱい泳いで岸にたどりつき，森の中に入れば，家へ逃げ帰ることができると。

　絞首刑は執行されます。

　と，考えていたとおり，彼の両手は自由になります。岸にたどりつき，そして，我が家の門の前に立ちます。彼を迎える妻。

　その妻を抱きしめようとした途端，……。

　まさに驚きの結末。

（岩波文庫）

【資料２】読書案内一覧表

読書案内一覧表

	書　名		書　名
1	100万回生きたねこ（講談社）	57	土（三好達治）（新潮文庫）
2	百姓の足，坊さんの足（岩波文庫）	58	待ちぼうけ（北原白秋）（新潮文庫）
3	手紙（鈴木敏史）（教育出版センター）	59	わたしのアルファベット（薩摩忠）（ポプラ社）
4	人にはどれほどの土地がいるか（岩波文庫）	60	ひと言のちがい（ＰＨＰ文庫）
5	てつがくのライオン（工藤直子）（理論社）	61	巨人の星（講談社漫画文庫）
6	野ばら（講談社）	62	アウル・クリーク橋の一事件（岩波文庫）
7	ちびへび（工藤直子）（理論社）	63	食い逃げされてもバイトは雇うな（光文社新書）
8	ベロ出しチョンマ（角川文庫）	64	ほんまにオレはアホやろか（新潮文庫）
9	おさな日記（偕成社）	65	虫のいろいろ（集英社）
10	ももこのいきもの図鑑（集英社文庫）	66	芸術は爆発だ！（小学館文庫）
11	新明解国語辞典（三省堂）	67	遊ぶ日本語不思議な日本語（岩波アクティブ新書）
12	かいじゅう（いとうあきとし）	68	鼻（集英社文庫）
13	ウルトラマンのできるまで（ちくまプリマーブックス）	69	ぼくを探しに（講談社）
14	筒井康隆全童話（角川文庫）	70	李陵（新潮文庫）
15	菜の花郵便局（角川文庫）	71	勝者のエスプリ（ＮＨＫ出版）
16	ブンとフン（新潮文庫）	72	アウグスツス（新潮文庫）
17	汚点（講談社）	73	ぞうさん（まど・みちお）（理論社）
18	ズーム（翔泳社）	74	日本の苗字ベスト10000（新人物往来社）
19	A Song for XX（浜崎あゆみ）	75	秋の夜の会話（草野心平）（思潮社）
20	虹の足（吉野弘）（ハルキ文庫）	76	日本一愉快な国語授業（祥伝社新書）
21	きいちゃん（アリス館）	77	手巾（角川文庫）
22	ヒエログリフを書こう！（翔泳社）	78	雪の華（Satomi）
23	蜘蛛の糸（新潮文庫）	79	火垂るの墓（新潮文庫）
24	おじいちゃん（春秋社）	80	東大オタキングゼミ（自由国民社）
25	少女の死ぬ時（新潮文庫）	81	凡事徹底（致知出版社）
26	時をかける少女（角川文庫）	82	数え方の辞典（小学館）
27	一行詩　父よ母よ（学陽書房）	83	ルラルさんのにわ（ほるぷ出版）
28	一行詩　息子よ娘よ（学陽書房）	84	夜と霧（みすず書房）
29	清兵衛と瓢箪（集英社文庫）	85	いつかのわたし（さくらももこ）（集英社文庫）
30	高瀬舟（新潮文庫）	86	ドートク本（ディスカバー21）
31	凧になったお母さん（中公文庫）	87	いいこって　どんなこ？（冨山房）
32	山のむこうは青い海だった（理論社）	88	セメント樽の中の手紙（角川文庫）
33	伊豆の踊子（岩波文庫）	89	トカトントン（新潮文庫）
34	僕が15で社長になった理由（ソフトバンク パブリッシング）	90	もこもこもこ（研究社出版）
35	坊っちゃん（集英社文庫）	91	日本の「なまえ」ベストランキング（新人物往来社）
36	信号（岩波文庫）	92	うつくしい　ことば（まど・みちお）（理論社）
37	あじさい（尾上尚子）（部落問題研究所）	93	老人と海（新潮文庫）
38	うんち（大山利子）（大巧社）	94	木（田村隆一）（小学館）
39	キャッチボール（安原輝彦）（大巧社）	95	はるにれ（福音館書店）
40	にじいろのさかな（講談社）	96	名づけられた葉（新川和江）（思潮社）
41	こいぬのうんち（平凡社）	97	ベツェッティーノ（好学社）
42	佐藤一英の詩二編（中央公論社）	98	江夏の21球（角川文庫）
43	1秒の世界（ダイヤモンド社）	99	最後の一葉（新潮文庫）
44	古代国語の音韻に就いて（岩波文庫）	100	星の王子さま（岩波少年文庫）
45	卒業ホームラン（新潮文庫）	101	赤毛連盟（フォア文庫）
46	忘れもの（高田敏子）（ポプラ社）	102	ブラック・ジャック（秋田文庫）
47	おおきな木（篠崎書林）	103	画の悲み（岩波文庫）
48	遠き落日（角川文庫）	104	父（角川文庫）
49	漢字の相談室（文春新書）	105	悪魔（星新一）（新潮文庫）
50	棒高飛（村野四郎）（中央公論社）	106	天人唐草（文春文庫）
51	菊次郎とさき（新潮社）	107	罪と罰（岩波文庫）
52	ゴムあたまポンたろう（童心社）	108	空に小鳥がいなくなった日（谷川俊太郎）（角川文庫）
53	雑草（北川冬彦）（部落問題研究所）	109	きいろいばけつ（あかね書房）
54	雑草（大関松三郎）（百合出版）	110	鈴の鳴る道（偕成社）
55	鑑定の鉄人（二見書房）	111	ファウスト（岩波文庫）
56	スイミー（好学社）		

28 言葉のおもしろさに触れる

1 一字の違いを考える

　作家の阿川弘之の話である。小説を書いていて,「東京へ行く」とするか,「東京に行く」とするかで,朝から夕方まで,ずっと迷い続けたという。たかが「へ」と「に」の違いだが,作家は文脈を考えてどちらが適当か考えに考えるのだ。

　たかが一字の違いというが,野口芳宏先生の模擬授業で,その一字の違いで作品世界が大きく変わるということを学んだことがある。

> 青イ花　　　　　草野心平
> トテモキレイナ花。
> イッパイデス。
> イイニホヒ。イッパイ。
> オモイクラヰ。
> オ母サン。
> ボク。
> カヘ■マセン。
> ヌマノ水口ノ。
> アスコノオモダカノネモトカラ。
> ボク。トンダラ。
> ヘビノ眼ヒカッタ。
> ボクソレカラ。
> 忘レチャッタ。
> オ母サン。
> サヨナラ。
> 大キナ青イ花モエテマス。

　■には,どんなカタカナ一字が入るだろうか。ヘビに飲み込まれ,今まさに息絶えようとするカエルは,「カヘレマセン」なのか「カヘリマセン」な

のか。

「カヘレマセン」は，自分はまだかえりたいのだけれど，ヘビに飲み込まれてしまってもうかえることはできないという意味になる。この世に未練がある。まだ死にたくないのだ。それに対し，「カヘリマセン」は，自らの意思でかえらないということになる。死を受け入れている。諦観といった，あきらめにも似た思いである。

冒頭4行の美しい情景と重ねて読めば，後者が答えとなる。実際，中学校の教室で何度も授業をしたが，「カヘレマセン」と「カヘリマセン」の意味の違いまでは，子供たちの発言をつなぐことによって理解させることができる。しかし，諦観という境地までは，なかなかストンと落ちるところまでいかない。

2 言葉のおもしろさを実感させる

どんな読みの授業を受けてきただろうか。

「主人公の気持ちを考えなさい」

まあ，こんなものだろうか。短い文章を，何時間も何時間もかけて，これでもかこれでもかという授業が多かったのではないだろうか。

私もそうだった。でも，おもしろいと思っていた。なぜか。それは，文学作品を読む前と読んだ後で，感想が変化したからだ。

「へえ，この表現にはこんな意味が隠されていたのか」とか「作者はこんなことを伝えたかったのか」というように，何度も，うなったものだ。

> 言葉っておもしろい。

そう実感できるような授業をできたらと思っている。読む力，書く力，聞く力，話す力を付けようと言われるが，まずは言葉のおもしろさを実感させるところが出発点であるように思えてならない。言語活動，言語活動と声高に叫ぶことも大切なことだが，まずは言葉そのものに向き合わせたい。

29　予習の意味調べはしない

1　国語辞典に手を伸ばさせる

　国語辞典を毎時間１回は開かせる。そういう授業を心掛けている。もっと言えば，子供が気になる言葉があれば，何の指示がなくても引くようにさせている。意見が行き詰まったときに，国語辞典に手を伸ばす子がいれば，すぐさまその行動をほめる。

　授業では，国語辞典はいつも引けるように，机上か机の中に入れておくようにさせている。家には持ち帰らせない。国語辞典の箱は，気軽に引くことの妨げになるので，家に置いておくように話しておく。また，他教科の授業でも，分からない言葉があったら引くんだよと言っている。とにかく手元に置いておき，さっと引こうと言い続けてきた。

　意味調べの予習をしてくるようにとは，言わない。むしろ，予習をしない方が楽しく授業を受けられると言ってきた。

　あくまでも授業の中で，どうしても調べなければならない場面を意図的につくり，引かせている。なぜそうするのか。次を読んでいただきたい。

2　辞書的な意味と文脈上の意味について考える

　あなたは，国語辞典の執筆者で，今，「学校」という言葉の意味を考えている。さあ，どのように書くだろうか？

　学校と言っても，小学校，中学校，高校，大学などいろいろある。自動車学校もあるし，料理学校もある。それぞれの学校について，通学する人は違うし，教える内容も違う。違いがあっても，意味は書かなくてはならない。困ってしまう。そこで，そうした違いも考慮しながら，それぞれの学校に共

通して認められる意味を書いていくわけである。このように具体的なものから共通的，一般的に認められる意味を記述したものを，「辞書的な意味」と言う。辞書に示されている意味のことである。国語辞典で「学校」を調べてみる。「人を集めて，一定の組織・方法で教える所。」これが辞書的な意味だ。
　次に，下の二つの「学校」の意味について考えてみよう。

> ①　夏休みが終わり，明日から学校が始まる。
> ②　電車の窓から私の学校が見えてきた。

①は，「授業」の意味で使われている。②は，「建物」の意味で使用されている。このように，その言葉が用いられている具体的な文章や話の流れの中で，前後の内容によって決まってくる意味のことを，「文脈上の意味」と言う。この文脈上の意味をつかむためには，その言葉の前後の内容から，あるいは文章全体から，意味を推定していくことが大切である。まず，自分で考えてみることだ。次に，考えた後，辞書で確認することも重要である。いくつも意味が記述してある場合は，どの意味が最も適当か自分で判断していくことが必要になる。
　そういった活動が，意味調べである。

3　意味を類推する

　授業では国語辞典をあえて引かせず，どんな意味かを考えさせてから，国語辞典で確認させることだ。考えさせる前に生徒自らが国語辞典を引きたいという気持ちになるように授業展開を考えておくことは，もっと重要だ。

> 　まず文脈から意味を類推させてから，国語辞典で確認する。

　この活動こそを大切にしたい。授業では，文脈上の意味について検討するのだ。

30 読むことの楽しさを実感させる

1 生徒を驚かせる

　毎日使っている日本語である。かなりの生徒が，教科書の文章を一読すれば，「もう分かったよ」という表情をする。今さら何をするのという声なき声が聞こえてくる。
　生徒たちって，本当に分かっているのだろうか。
　ある説明的な文章の話をしよう。論理展開を考えるのに，おもしろい教材だ。こんな表現がある。それぞれの段落の冒頭部である。

> ①　人口六千三百人の小さな町，熊本県の氷川町では，……
> ②　また，五万二千人の市民が暮らす群馬県富岡市は，……
> ③　東京都品川区では，……

　生徒に問う。「この順番って，意味あるよね」と。生徒はキョトンとしている。「ええっ，分からないの！」とわざとびっくりして挑発する。そして，静かに「分からなかったら，考えようか」と続ける。生徒は必死に考える。人口の少ない小さな町から人口の多い大都市へと順に書かれていることになかなか気付けない。生徒は気付いて驚く。

2 分かったつもりをうち砕く

　国語科の授業において，読むことのおもしろさはどこにあるかと問われれば，この驚きを挙げたい。自分では分かったつもりでいたのが，授業でうち砕かれるという驚きである。

国語科教師の仕事は，まず第一にこうすることだ。

> 「分かったつもり」をうち砕く。

「この順番って，意味あるよね」という発問は，そのためのものだ。この発問で生徒をびっくりさせればさせるほど，授業はおもしろくなる。なぜなら，生徒たちはうち砕かれたものを修復すべく，新たな読みをつくりあげようとするからだ。

こういった発問をするのに最も必要なのは教材研究であることは言うまでもない。教材を深く深く読み込むことが必要だ。教材の表面だけをなぞるような教材研究では，いい発問は生まれない。

3 みんなでつくる

読むことのおもしろさには，もう一つある。教室の中で，みんなで新たな読みをつくり出すおもしろさである。一人で読書するのとは違い，他者の読みに触発されて，自分の読みを新たなものにしていく楽しさと言ってもいいだろう。ここにこそ集団で学ぶ楽しさがある。学校で学ぶ意味がある。

授業検討会などで，他の人が言った意見を通して，自分の考えがはっきりしたり，新たな疑問が浮き彫りになったりすることがある。集団で思考することの良さであり，楽しさだ。これこそが，話し合うことで，新しいものを生み出していく過程である。

教室で新しい読みをつくり出すための国語科教師の仕事の第二は，こうだ。

> 生徒の読みをつなぐことによって新しい読みをつくり出す。

生徒の意見をどのように取り上げるのか，どのようにつなぐのか，臨機応変に対応する技術が必要である。

31 インプットする

1 教材文を読み込む

　先日，若い教師のしどろもどろの授業を見た。放課後，「今日の授業はどうだった？」と聞いてみた。驚いた。「まあまあでした。子供もよく手を挙げていました」という答えが返ってきたからだ。
　驚きを隠し，「ふうん，そうか。今日の授業までにどんなことをやってきたの」と尋ねたところ，こんなことを自信たっぷりに言った。
　「指導書をきちんと読みました」
　「それから何をやったの」と，さらに答えを求めると，えっという表情をして絶句してしまった。私も仲良く絶句した。…気まずい（と言っても私だけだが）沈黙の後，こんなことをおそるおそる聞いてみた。
　「板書計画は立てたの？」
　「そんな計画立てるんですか⁉」
　気を取り直し，「今日の授業でやりたかったことを一言で言うと，何かな？」と優しく問いかけると，指導書をパラパラと繰り，「ここです」と指さした。本時の目標の一番上を指している。そこには，「〜しようとする意欲を高める」という目標が書かれている。
　「これって，『意欲を高める』とあるように，情意目標だよね。意欲が高まればいいのかな？」
　さあ，ここでも絶句合戦である。私がしぼり出した言葉がこれだ。
　「教材研究の方法を覚えるといいね」
　まず，教師として教材文をどれだけ読み込んだのかということが問われる。まずい授業のほとんどは，教材文が読めていないところに起因しているのだ。

2 二つの言葉を心に刻む

授業を構想するときに，自分自身に問いかける言葉が二つある。
一つ目は，立花隆の言葉である。

> ＩＯ比を一〇〇対一くらいに保つ

　いい作品を書くためには，ＩＯ比（インプットとアウトプットの比率）を一〇〇対一くらいに保つ必要があるというのだ。１冊本を書くためには，100冊本を読めということである（『ぼくの血となり肉となった五〇〇冊そして血にも肉にもならなかった一〇〇冊』文藝春秋）
　出力するためには，入力が必要だ。入力もせずにどれだけ考えても何も出てこない。「下手の考え休むに似たり」である。国語科教師として，どれだけ本を読み，どれだけ授業を見，どれだけ助言をもらうか，その絶対量が自分の授業を決めるのだ。とりわけ過去の国語科の読むことの授業がどのように行われてきたのか，概略でもいいので知っておくべきだ。今，自分がやっていることは，先人がやってきたことである。
　二つ目は，野口芳宏先生の言葉である。

> 教師の読み以上の授業はできない

　授業者である教師が教材を読めていなければ，まともな授業はできない。私はそう解釈している。授業者が教材をどれだけ読めているか。これが「読むこと」の授業をつくるために最も大切なことだ。当たり前と言えば当たり前のことだが，これを言わなければならないところが苦しいところである。
　研究授業後に，「生徒の素晴らしい意見に驚きました」という授業者のコメントを聞くことがある。確かにそういったことはある。しかし，ごくまれにである。ほとんどは教師として教材文が読めていなかっただけである。

32　教材研究は発問を掘り出すイメージで行う

1　仁王を掘り出す

　夏目漱石の『夢十夜』の中の話である。運慶が仁王を彫る。堅い木を無造作に削るのだが，思うような眉や鼻が簡単に浮き上がってくる。すると，ある男がこう言う。
　あれは眉や鼻をのみで作るのではない。あの通りの眉や鼻が木の中に埋まっているのを，のみと槌（つち）の力で掘り出すだけだ。まるで土の中から石を掘り出すようなものだから，決して間違って掘ることはない，と。
　木の中にはじめから仁王は入っているのだから，それを掘り出すだけだと言うのだ。

2　発問・指示を掘り出す

　教材研究は，授業を行うためのすべての準備のことである。その教材研究の中で，教材を読み取る作業を「教材分析」と言う。この分析は，授業の出発点であり，基礎作業でもある。まずい授業のほとんどは，この教材分析が弱いことに起因していると言っても過言ではない。教材が読めていないのに，指導過程などを考えられるはずがない。逆に教材が読み取れていれば，発問，指示などが決まってくるように思われる。むしろ教材の中にこそ発問や指示が埋まっているように思えるのだ。きちんと教材文が読み取れていれば，おのずと生徒に問い掛ける言葉は決まってくる，そう自分に言い聞かせて教材文を読む。
　『夢十夜』の運慶さながらに，教材文の中から大切なものを間違えず掘り出そうと思っている。運慶のようにはいかないが，教材文の中から発問・指

示を掘り出すというイメージを大切にしている。発問・指示が浮き上がってこなければ、まだまだ読みが浅いのだと思う。

3 教材研究の方法を身に付ける

　名古屋市の小学校長をされていた近藤章先生から教えていただいた方法が、自分には一番しっくりとくる。今も、この方法を続けている。**【資料】**
① まず、教科書の教材文をコピーする
　　上下に余白を多めにとることがポイントである。これを、つなぎ合わせ1枚の巻物のようにする。「握手」「故郷」のような教材になってくると、かなり長いものになる。教材文の構造や展開を把握するには、断然1枚の方がいいだろう。言葉の言い換え、呼称の変化などをとらえるにも、巻物が適当である。
② 読んだことを書き込む
　　簡単なようで、なかなか書けない。はじめてこの方法で読み出したときは、何を書いたらいいのかさっぱり分からなかった。それだけの読みしかできていなかったということである。
　　はじめは一読者として読む。
　　生徒と同じ立場に立って読む。作品論とか作者論とかには触れない。
　　野口芳宏先生は、「一人の大人として、作品を読むこと」を素材研究とされているが、まさにこのことだ。自分の読み取る力が試されるところだ。
　　説明的な文章ならば、いくつの形式段落から成っているか、どんな接続詞を用い論理展開をしているか、文学作品ならば、どの表現に心が動いたか、この表現からどんな情景・心情を想像したかなどを書き込む。
　　次に、教師として読む。
　　野口先生の言では、これが教材研究、「教師として、作品を読むこと」である。教える者として押さえておきたい語句や描写、言い換えている言葉などを、矢印で結んだり、四角で囲んだりする。赤色の線を引いて強調することもある。主人公の心情をさらに書き込んだり、生徒が読み誤りそ

うなところに波線を引いたりもする。
③ 寝かせる
　ひととおり書き込んだところで，寝かせる。一字一句読まない日を意識的につくる。その間に思い浮かぶことがある。意識上では考えていなくても，どうやら脳は勝手に考えているようだ。文章を書いて寝かせておくのと似ている。無意識下で読み取りは続いているのだ。
④ 再び読む
　前回の書き込みを見ながら新たに見えてくるものはないか考える。この作業を時間の許す限り繰り返す。
⑤ 指導書を見る
　今の自分ではここまでだ，という気持ちになったところで，指導書を見る。そして，どうやって授業を仕組むのか考えながら，教材文を何度も何度も読み返す。運慶のように，木の中に埋まっている仁王を掘り出すイメージで，発問・指示，指導過程などを考えに考える。
　そのときに効果を発揮するのが，過去の自分自身の実践である。特にどんな板書をしたかが参考になる。板書の写真を撮って保存しておくことだ。また，生徒のノートをコピーしておくのもいい。自分の実践を振り返ることができる。
　さらに，教育書などに掲載されている実践例を参考にすることもあるし，問題集の問題文をヒントに発問・指示を考えることもある。

4　生徒の顔が浮かぶまで考える

　言語活動ということがしきりに言われているが，はじめに活動ありき，ではない。スタートは生徒と教材であると考えている。生徒と教材を把握したところで，どんな言語活動を取り入れるかが決まってくるのではないだろうか。
　指導過程を考えているときに，授業時の生徒の顔が浮かんでくれば，なんとかなるだろうという気持ちになる。そこまでどれだけ粘るかだ。

【資料】教材研究は書き込みから始まる

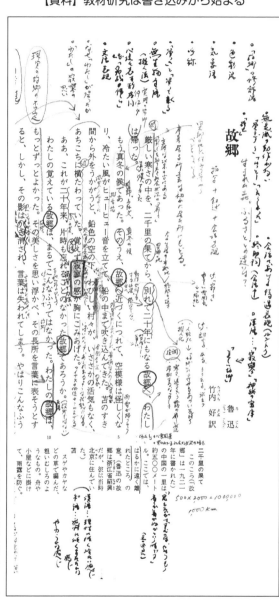

〈「故郷」『国語3』光村図書、平成九年度版、p.110〉

33 生徒の思考に寄り添う

1 誤読を予想する

　教材研究の方法として，生徒が読み誤りそうなところに波線を引くということがある。生徒の誤読しそうなところをマークしておこうということだ。

　ところが，これが難しい。教育実習生は，まずできない。生徒に寄り添うということができていないと，波線は引くことができないだろう。

　毎日の授業の中で，生徒の思い・考えを丸ごと受け止め，生徒はこういう発想で思いつき，こういう筋道で考えるのかということを実感していないと，生徒の誤読しそうなところを指摘することは難しいだろう。ひたすら教材文を読むだけというのは，畳の上の水練とまでは言わないが，いい授業を約束してくれるものではない。

　教材文を読むだけが教材研究ではない。誤読といった生徒の思考過程に思いをはせることも極めて大切な教材研究である。

2 誤答分析する

　新任のとき，同じ学校に「数学の神様」と言われているＢ先生がいた。この人が教えれば，学力テストで県内トップとなるのだ。Ｂ先生に学力の付け方について尋ねた。どうすれば，そんなに力が付くのですかと。

　Ｂ先生は，テストの誤答分析を徹底的に行うことだときっぱりとおっしゃった。定期テスト後に，誰がどんな間違いをしたかを夜を徹して分析したと具体的に話された。

　授業では，問題を解かせた後で，「こういう間違いをするのは７名。名前も全部言えるよ。ねえ，○○君」と指摘したことがあると話された。しかも，

7名一人も間違えず当てたとのことだ。生徒の思考過程が完璧に把握できている。誤答分析のなせる技と言えるだろう。授業では，生徒が間違えるところを徹底的に練習させればいいと簡単に言われた。まさに「数学の神様」だ。

学年主任をされ多忙を極めていた頃でも，テスト返却の日の朝は目が赤く，寝ていないということがよく分かった。それほどまでに生徒一人一人に寄り添っていた。生徒それぞれの思考過程をつぶさに把握しようと努めておられた。授業の原点は生徒にあるのだ。

私の前任校のPTA会長さんは，そのB先生の教え子だった。あるとき，そのB先生の話題になり，こんなことを言われた。「今の私があるのは，B先生のお陰です。あの授業のお陰です」と。

3　教師が歩み寄る

愛知教育大学名誉教授の志水廣先生も子供の言葉をそのまま受け止めることの大切さを何度もお話しになっている。教師は，子供の意見を自分の都合のよいように聞いている。自分の持っていきたい方向に子供の意見を利用しているだけである。子供の言葉をそのまま丸ごと受け止めていないのだ。

教師の論理と子供の論理がずれた状態である。教師と子供の間に「ずれ」という溝がある。私たちは，そういったことを意識せず，どんどん一方的に進めていってしまう。教師と生徒との間に溝はどんどん広がっていくばかりだ。溝を縮めるのは，生徒ではなく教師である。教師が歩み寄ることだ。

4　了簡になる

落語家の柳家小三治が，師匠の小さんから言われた言葉である。

> その了簡（りょうけん）になれ。

小さんの口癖だったという。登場人物になりきれということだろう。教師であれば，子供の思い・思考に寄り添えということではないかと思う。

34 読みの方法を身に付ける

1 他の作品も読める力を付ける

　読むことの授業で，読むことのおもしろさを生徒に実感させられなければ，授業はうまくいったとは言えないだろう。

　ただし，おもしろいだけでもいけないと考えている。

　ここに今までの国語科の問題がある。文章を読んで，楽しむだけでいいのかという疑問である。詳細な読解に偏り，一つの作品を事細かに読んでも読解力は上がらない。国語科の読みの授業を通して，教科書以外の文章も読めなければ，学力が付いたとは言えないだろう。むしろ，それこそが本当の学力である。

2 方法を身に付ける

　そこで，こんな授業が必要ではないかと考えている。

　おもしろさの中で，読む方法も身に付ける。

　例えば，「呼称」という読むための方法はこうだ。「お前」が「だんな様」に変化するような，主人公の相手への呼び方の変化に着目すれば，主人公の心情の変化を読み取ることができる。

　俳句の読みであるなら，「五感」で考えるという読みの方法を身に付けさせ，次に俳句を読むときは，その方法をもとに一人で読めるようにさせる。

　あるいは，「対比」という言葉を教え，「ここでは，何と何が対比されているか」を手がかりにして読むという方法を身に付け，それを手だて（武器）

にして文章を読ませる。

そうすることによって，読むことが教室の中だけで完結するのではなく，教室の外でも学校の外でも，これから先の社会生活にも開かれていくのではないかと考える。

3 年間を通して力を付ける

かつて勤務した中学校では，文学的な文章について作品ごとに「読みの方法」を位置付けた一覧表を作成していた。作品を読む中で「読みの方法」を身に付けさせていくことが，次の作品を読むときにも，作品に自ら迫ることにつながると考えたのだ。また，その習得状況から読む力をとらえようと実践を推進した。１時間の授業だけでなく，年間を通して読む力をどのように付けるのかを考えたのである。古い資料ではあるが，一覧表を紹介しよう。

【文学的な文章の「読みの方法」一覧（抜粋）】

学年	読みの方法 / 作品名	比喩	反復	行動描写	情景描写	呼称	対比	色彩
一年	「竜」	○	○	○				○
	「鼓くらべ」			○		○		
	「トロッコ」		○	○	○			○
二年	「宿かりの死」		○	○			○	
	「山椒魚」	○		○	○	○		○
	「故郷」	○	○	○	○	○	○	○
三年	「信念」		○		○	○		
	「午砲」				○	○	○	
	「最後の一句」	○	○	○		○	○	

35 読むことの基本的な学習の流れを考える

1 教室で読むことの意味を考える

教室で読むというのはどういうことか。次の三つを考えた。

① 教室で読むということは，一人で読むのではない。友達がいる。先生がいる。個人的な読書とは違う。他者との関わりがある読みである。

② 読みの「学習」である。学習の前と学習の後で読みが変容していなくてはならない。当然のことながら，よりよく変容していなくてはならない。野口芳宏先生の言う「向上的変容」が保障されている授業だ。読む前と読んだ後で，正確に深く文章を読めていることが求められる。また，そうすることで文章を読むことの楽しさを実感できる。これは，よく言われるところの，「教科書を学ぶ」ということだ。

　ただそれだけではいけない。「教科書で学ぶ」ということも忘れてはならない。教科書で文章を読むとともに読み方も学ぶことが必要だ。

③ 自分の学習を振り返ることも大切である。学習のしっぱなしではなく，学習した自分自身を振り返り，次の学習への意欲を持つための活動を設定することが必要である。

2 四つの場を考える

三つのことを踏まえた基本的な学習の流れを以下に示そう。単純である。

① 文章表現に即しながら教材を読み，自分の読みを持つ
② 自分の読みを集団との関わりの中で，より確かな読みに高める
③ 自分と友達，互いの読みを見返す
④ 単元を通した自分の学習を振り返る

それぞれについて，説明しよう。
① 文章表現に即しながら教材を読み取り，自分の読みを持つ
　生徒たちが，自分の生活経験との関わりから，あるいは過去の読みの体験から，自分の読みを持つ場である。作品全体・各段落・各場面などでの自分の読みをノートにまとめたり教科書に書き込みなどをしたりする。
② 自分の読みを集団との関わりの中で，より確かな読みに高める
　①での自分の読みを，学級集団や小集団の中で友達の読みと出合う中で，それぞれの読みをより一層確かにする場である。例えば，自分と対立するような読みと出合うことで，自分の読みを客観的に見返すことができる。
③ 自分と友達，互いの読みを見返す
　②で検討したことをもとに，自分の読みや友達の読みを見返す場である。ここでは，自分の読みをノートに書かせたり，時には座席表にまとめたものを全員に配付したりすることもある。この後，一人一人が興味・関心に応じて学習課題を設定し追究することもある。
④ 単元を通した自分の学習を振り返る
　単元を通して，作品全体・各段落・各場面の自分の読みを振り返る場である。単元を通して，自分の読みや意欲がどのように変容したかなどの観点から自己評価を行う。

3 原点に返る

　現在進められている読みの授業展開からすれば，古い読みの授業だというそしりを受けそうである。読みの授業は，まさに百花繚乱だ。様々な授業展開が提案されている。
　しかしながら，最低限押さえておくべきものはあるはずだ。これが，ここに示した学習の流れである。
　古いからいけないということはない。真の改革は，原点に返ることなのだ。

36 説明的な文章の読みは見える化する

1 分けることで分かる

「見える化」ということが企業などで言われている。漠然としていたものを図・表などで可視化することのようだが、これは説明的な文章の読みに利用できる。

読む過程、あるいは読みの後で、形式段落ごとの関係を図に表すのだ。テストでこういった問題が出される。

【問い】文章の構成を図に表した場合、最も適切なものはどれか。
ア　1−2−3 4 5　　　　イ　1 2−3 4−5
ウ　1 2−3−4 5　　　　エ　1 2 3−4−5

文章のまとまりごとの構造を問うものである。漠然と分かっていたものを見える化しているわけである。これをテストではなく、授業で行いたい。生徒に考えさせ、検討させるのだ。

上の問いで言うなら、「形式段落の1〜5を三つに分けるとしたら、どこで切るのが適当だろう」という発問になるだろう。文章が理解できていなければ、分けることはできない。分けることができるということは、分かったということなのだ。

2 論理について考える

分けるという過程で、抽象と具体について考えさせたい。
筆者の言いたいこと（これは抽象的であることが多い）とそれを説明する

ための具体例はセットになっている。論理とは何かと問われれば，因果関係であると答えている。「○○だから，△△だ」という構造だ。○○が原因で，△△が結果である。○○が具体例で，△△が筆者の言いたいことと言ってもいいだろう。説明的な文章を読むということは，この具体と抽象の関係をつかんでいくことと言ってもいい。

　乱暴な考えであることは百も承知だが，生徒にはこれが一番分かりやすい。

3 作文に生かす

　説明的な文章の読みを作文に生かそうという実践が今まで数多く行われてきた。それを可能にするには，文章を見える化することだろう。授業の過程だけでなく，読みが終わったところで，文章構造を見える化することだ。そのことによって，「はじめ・なか・まとめ」「序論・本論・結論」「頭括式」「尾括式」「双括式」ということが理解できる。

　過去の実践例を紹介しよう。光村図書の１年生の教材「ちょっと立ち止まって」（桑原茂夫）の文章構造を見える化したものである。

　形式段落の番号だけを並べるのではなく，内容も含めて見える化することである。そうすることによってキーワードを抽出する力を付けることができる。

　また，学習のまとめとしても，できるだけ分かりやすく見える化するという作業は，最も効果的である。

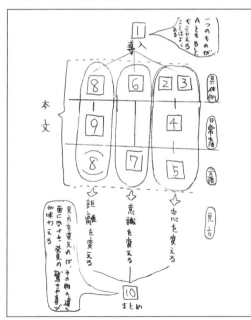

【文章構造を見える化した生徒のメモ】

37 新聞を読む

1 NIEに取り組む

「エヌ・アイ・イー」と読む。NIEとは，「Newspaper in Education」の頭文字をとった呼び名である。日本では，「教育に新聞を」と訳され，全国で実践が進められている。私は，NIEの目的を，新聞を教材として活用することで授業の活性化と学力の向上を図ることにあるととらえている。

新聞を活用することで，次の二つを実現できる。

国語科での学習が，授業の中でのみ完結し，実生活では役に立たないと言われることがある。そういった批判に対して，新聞を活用することで改善を図ることができる。教室から社会に一歩踏み出すのに，新聞は絶好のステップとなる。

また，「27 本好きな子を育てる」で紹介した読書案内と同じように，活字に触れる機会をつくることができる。自分が知らない言葉に出合うのは，何をおいても文章を読むことにおいてである。テレビでも出合いはあるだろうが，活字でその言葉に触れることが大切なのだ。

いかに子供たちに学力を付けるか，それには，活字といかに触れさせるかにかかっているようだ。

今までのNIE実践の中から，新聞の切り抜きについて紹介しよう。

2 新聞を切り抜く

新聞には，社会の様々な側面が情報として掲載されている。その中から何を切り取ってくるのかを考えることは，教室から一歩踏み出すきっかけとなる。

日常の取り組みとして，新聞の切り抜きを実施した。興味・関心のある記事を切り抜き，Ｂ４サイズ用紙に貼り付ける。感想や意見を書き込み，見出しを付け，毎週月曜日の朝に提出する。

【生徒の切り抜き】

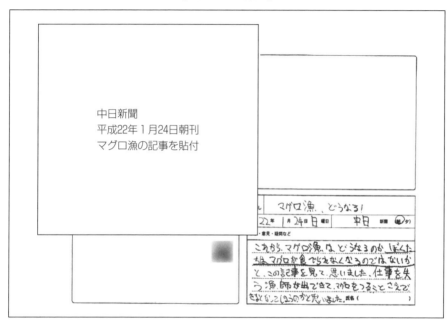

　鉄道の好きな生徒は，毎週それに関する記事を貼り付けてくる。将来，看護師になりたいと思っている生徒は，それに関するものを貼り付けてくる。また，各教科の学習内容に関連したものも多く切り抜かれてくる。教室の中だけで授業は完結していない。毎日の生活と学習内容とのつながりを実感することができる。

　この切り抜きを材料に，どれだけ生徒と会話したことだろう。生徒が興味を持っているものを切り抜いてくるのだから，それに関して，尋ねればいいのだ。

「どうして病院に関する記事を切り抜いてきたの」
「私の母は，看護師をやってるんです。私も，将来は母のような看護師に

なりたいんです」
　ふだんの会話では，こんな会話はなかなかできない。時にはこんな会話も。
「〇〇君は，いつも鉄道に関する記事だね。相当好きだね」
「はい。春休みには，電車に乗りたくて，四国まで一人で行きました」
　おとなしい生徒だ。この子が，一人で四国まで行ってしまうのか。意外な一面を見ることができた。私と生徒とは，40歳ほどの年の開きがある。なかなか話題は噛み合わない。こちらから生徒の世界に近づいていくことが必要だ。この新聞の切り抜きで難なくその世界に接近することができるのだ。

3　切り抜きを公開する

　毎週提出した切り抜きは，各自に配付したクリアファイルに入れさせた。
　そして，学校公開週間には，全生徒の切り抜きファイルを展示し，生徒同士，友達の切り抜きを読み合う機会を設けた。作品を見て，友達の新たな一面を発見することができたことは言うまでもない。
　何よりもうれしかったのは，保護者の言葉だ。
「先生，ありがとうございます。毎週の切り抜きで親子の会話が増えました。今週は何を切り抜いたのと言うだけで，いつも以上に会話がはずむのです」
「中学生になってから口数が減ってしまい，ちょっと心配でしたが，切り抜きファイルを見て安心しました。社会の出来事にも関心を持って，想像以上に成長していることを実感しました」

> 新聞の切り抜きのポイントは，継続することにある。

　簡単なことを続ける。毎週1回の地道な取り組みこそが，問題意識を呼び起こし，自分と社会との接点を意識することにつながるのだ。友達との新たな出会いのきっかけともなる。とにかく続けることだ。

4 授業者も切り抜きを行う

　生徒に新聞の切り抜きを課したわけだから，私も授業者として切り抜きを行った。そして，読書案内と同じように毎時間１枚ずつ発行し，授業のはじめに紹介した。対象は中学３年生だ。

　題して，「ファイト新聞」。発行の目的は，生徒が活字に少しでも触れる機会をつくるところにある。以下のような内容である。

① 　毎日，学校に届けられる新聞の中からこれはという記事を紹介したもの
　　これが中心である。生徒が少しでも新聞に興味・関心を持ってほしいという願いのもと国語科以外の教科との関連も考えて記事を選択した。
② 　生徒が毎週月曜日に提出した新聞の切り抜きを紹介したもの
　　生徒は，興味・関心のある記事を切り抜き，それに感想・意見を書くという活動を３年間継続してきた。友達はどんな記事を切り抜いているのか知りたいという要望に応え，紹介したものだ。

5 ３年間を新聞で振り返る

　「ファイト新聞」は，年間に135号まで発行した。卒業式前，最後の国語科の授業では，配付された「ファイト新聞」の中から，最も心に残ったものを紹介するというスピーチの時間をとった。

　そのスピーチの前には，１年生の４月にビデオ撮影した一人一人の詩の朗読を，一人10秒ほどに編集したものを見た。３年前に，「このビデオは３年後の最後の国語の授業で見るからね。３年後の自分に向けて朗読しよう」と言ってあったのだ。

　また，この３年間に，世の中ではどんなことがあったのか，新聞社から提供された号外記事で振り返った。

　生徒は，３年間を振り返るとともに，この１年間に配付された新聞の中から，心に残ったものを自分のエピソードとともに紹介した。

　新聞を読むことのおもしろさを，多少なりとも実感できたものと思う。

38 詩・俳句・短歌は暗唱する

1 素読をする

　「素読」という江戸時代の学習方法がある。古典の原文を，意味や内容を考えることなく繰り返し音読することである。時代劇などで，武家の子弟が師匠と机をはさんで向かい合い，漢文を音読している姿を見たことがあるのではないだろうか。

　湯川秀樹の『旅人－ある物理学者の回想』（角川文庫）の中にも，幼少時の素読の体験が書かれている。嫌で嫌でたまらなかった素読というものが，無駄ではなかったと湯川博士は言っている。その後の読書を容易にしてくれたとまで振り返っている。

　三島由紀夫は，森鴎外の『寒山拾得』の中の「水が来た。」という一文を漢文的教養から成り立っている名文であると激賞した（『文章讀本』中央公論社）。

　子供の発達段階を無視した学習方法ということで，行われてこなかった。しかし，伝統的な言語文化に触れるということで，最近見直されてきた。

2 俳句を暗唱する

　素読は漢文だけに限ったことではない。詩歌をはじめ名文を音読することは大切なことだ。多少の意味は分からなくともよい。何度も声に出してリズムを身体の中に取り入れることが重要だ。何度も何度も繰り返し，その心地よさに身を任せることだ。

　暗唱したい名文をいろいろ紹介してきたが，次ページに俳句暗唱トレーニングを示そう。

【資料】俳句暗唱トレーニング

俳句暗唱トレーニング　氏名

① 古池や　蛙飛びこむ　水の音　　松尾芭蕉
② 山路来て　何やらゆかし　すみれ草　　松尾芭蕉
③ 名月や　池をめぐりて　夜もすがら　　松尾芭蕉
④ 秋深き　隣は何を　する人ぞ　　松尾芭蕉
⑤ 閑かさや　岩にしみ入る　蝉の声　　松尾芭蕉
⑥ 菜の花や　月は東に　日は西に　　与謝蕪村
⑦ 春の海　終日のたり　のたりかな　　与謝蕪村
⑧ さみだれや　大河を前に　家二軒　　与謝蕪村
⑨ 目出度さも　ちう位也　おらが春　　小林一茶
⑩ 我と来て　遊べや親の　ない雀　　小林一茶
⑪ 名月を　取ってくれろと　なく子かな　　小林一茶
⑫ 梅一輪　一輪ほどの　暖かさ　　服部嵐雪
⑬ 目には青葉　山ほととぎす　初鰹　　山口素堂
⑭ 朝顔に　釣瓶とられて　もらひ水　　千代女
⑮ 雪残る　頂一つ　国境　　正岡子規
⑯ いくたびも　雪の深さを　尋ねけり　　正岡子規
⑰ 柿くへば　鐘が鳴るなり　法隆寺　　正岡子規
⑱ 金亀子　擲つ闇の　深さかな　　高浜虚子
⑲ 流れゆく　大根の葉の　早さかな　　高浜虚子
⑳ 赤い椿　白い椿と　落ちにけり　　河東碧梧桐
㉑ をりとりて　はらりとおもき　すすきかな　　飯田蛇笏
㉒ 啄木鳥や　落葉をいそぐ　牧の木々　　水原秋桜子
㉓ 海に出て　木枯帰る　ところなし　　山口誓子
㉔ 降る雪や　明治は遠く　なりにけり　　中村草田男
㉕ 咳の子の　なぞなぞ遊び　きりもなや　　中村汀女

39 俳句の学習は「五感」を問う

1 音読し，意味の確認をする

> 芭蕉野分して盥に雨を聞く夜かな　　　　　芭蕉

　俳句である。
　どんな授業をするのか。
　まず，読みの確認である。「芭蕉」という漢字は小学校で学習しているので読める。次の「野分」は読めない。ほとんどが「のわけ」と読んでしまう。そこで「のわき」と読むのだと教える。「盥」も，まず読めない。漢字の中の「水」「皿」からの連想からも，読むことはできない。これも「たらい」と教える。
　そして，音読する。暗唱できるくらいまで何度も何度も繰り返し読む。舌になじむところまで読む。
　次に，意味の確認をする。日頃から国語辞典を引くという習慣が付いていれば，まず「野分」を引くだろう。すぐに確認できる。「盥」を引く生徒もいる。これで意味の確認はできたので句の意味を考える。が，さっぱり分からない。「芭蕉」を松尾芭蕉のことだと考えるからだ。「松尾芭蕉が台風になって」という考えが出される。そこで，これはおかしいということで，「芭蕉」の意味を調べ始める。意味を読んでも何のことか分からないだろう。これは考えても分からない。教えるしかない。芭蕉の写真を示すのだ。教えることと考えさせることを区別することである。
　「芭蕉に激しい雨風が吹きつけて，たらいに雨を聞く夜だなあ」という意

味を確認する。でも，分からない。どういうこと。生徒は考える。隣の人と話し合いなさいと指示しなくても，話し出すだろう。そして，「雨」が雨漏りの音であることに気付く。

2 聴覚から俳句を読み込む

ここまでは，「分かったつもり」の読みである。言葉の意味が分かっただけで，この句の本当のおもしろさには達していない。

どう切り込むのか。

> この俳句では，五感の中のどの感覚が中心になっているでしょう。

これが，俳句学習の決めぜりふである。

五感とは，視覚，聴覚，嗅覚，味覚，触覚のことである。語彙学習として，この五つ以外にもあるけれど知っているかなと問えば，「第六感」という言葉を教えることもできる。さらに，勘，インスピレーション，シックスセンスという言葉へと広げることもできる。語彙指導は，タイムリーに行うことだ。

閑話休題。生徒は，五感の中の「聴覚」だと言う。「聞く」とあるから，音が中心だと言う。ゴーゴー，ばさばさという音だとほとんどの生徒が考えるが，いや，ぽたんぽたんという音だという生徒も出てくる。

そこで，ゴーゴーとぽたんぽたんでは全然違うじゃないかと問い掛ける。生徒の頭の中が野分状態となる。

外の騒々しさを描くことによって，室内の静けさが対比的に表現されていることに気付かせていくわけである。雨音しかしない静寂，さらには作者の孤独感にまで思いをいたらせたいところである。

俳句の授業，五七五のわずか17文字の世界である。どんな発問をしようか迷うところである。が，「五感の何が中心になっているのか」で，作品の深い部分まで読める。生涯にわたっての俳句鑑賞の武器となる。

Chapter4 授業力を磨く！読むことの指導技術　113

Chapter5
授業力を磨く！伝統的な言語文化・言語事項の指導技術

【伝統的な言語文化】
40 暗唱でリズムを体得する

1 繰り返し音読する

　作家になろうとする人の修業の一つに，名作を原稿用紙に書き写すという作業があるという。読売新聞の「編集手帳」を執筆している竹内政明もいい文章をそっくりそのままノートに書き写すという。これらは自分の身体にリズムをなじませるための作業である。声に出して読むのもいいだろう。
　古典を繰り返し音読し，いつの間にか暗唱してしまったというところまで持っていきたい。こういうことこそが古典特有のリズムを味わうということだろう。授業の中では，何度も何度も音読させることだ。ペアで読んだり，列で読んだり，様々な工夫をこらし生徒を飽きさせない工夫をしたい。どんな方法があるかは，同僚に聞くことである。国語科教師であるなら，間違いなく，「自分はこういう方法でやっているよ」という答えが返ってくるはずだ。

2 歴史的仮名遣いを学ぶ

　音読する前に，歴史的仮名遣いなどを取り立てて指導するのは考え物だ。古文特有のきまりをまだ学習を始めたばかりの段階で学習しても，単なる知識の注入に堕するだろう。あくまでも暗唱するまで音読を繰り返した後にすべきである。「現代と読み方が違ったところがあったね。どんなのがあったかな」と問い，列挙させればよい。そこから少しでも規則性を発見させていくことだ。あはれ→あわれ，使ひ→使い，思ふ→思うなどの用例から，「は・ひ・ふ・へ・ほ」（は行）は「わ・い・う・え・お」（わ行）に変わることに気付かせたい。そして，「私は学校へ行く」という現代仮名遣いに言及していけば，言葉のおもしろさを味わうこともできる。暗唱したことをも

とにして，帰納的推理でまとめていくのが，歴史的仮名遣いの取り立て指導だ。

3 古典を暗唱する

　授業の中で，何度も何度も音読するのはかなりの時間がかかる。暗唱はたくさんの文章を覚えるという量も必要だ。そこで，中学校3年間でこれだけは覚えようというものを提示し，暗唱させるのだ。下のプリントを画用紙に印刷する。裏面には答えを書いておく。

【古典を暗唱するためのプリント】

	作品名	時代	種類	書き出し	チェック
1	竹取物語	平安	物語	今は昔，竹取の。	
2	枕草子	平安	随筆	春はあけぼの。	
3	源氏物語	平安	物語	いづれの御時にか，	
4	方丈記	鎌倉	随筆	ゆく河の流れは	
5	平家物語	鎌倉	軍記物語	祇園精舎の鐘の声，	
6	徒然草	鎌倉	随筆	つれづれなるままに，	
7	おくのほそ道	江戸	紀行文	月日は百代の	
8	万葉集	奈良	歌集		
9	古今和歌集	平安	歌集		
10	新古今和歌集	鎌倉	歌集		
11	論語				

※1　1〜7は，冒頭部分を暗唱します。
※2　8〜11は，教科書から二首（二つ）暗唱します。

三年生　古典を暗唱しよう　　一宮市立〇〇中学校　三年　組　番　氏名

　二人一組で，一人が続きを読み上げ，もう一人は裏面を見て答えの確認をする。このトレーニングを何度も行い，次は教師の前で暗唱する。これは一人ずつ行う。授業では1時間をあてている。その授業中，教室は暗唱の声で満ちあふれる。声を出していない生徒は皆無だ。

　プリントには，時代と種類が書いてある。暗唱とともにこの古典の知識も確認しているのだ。暗唱したところで，「何時代の作品？」「作者は誰？」などと確認する。古典に関する知識も大切である。

41 高等学校での学習を意識する

1 高等学校に引き継ぐ

　中学校での古典の学習は、何を求めればよいのだろうか。今さら言うまでもないが、古典に親しむ態度を育成することであろう。具体的には、次の二つが考えられる。

　一つは古人のものの見方や考え方に触れる学習である。古典がどんな内容価値を持っているのかがつかめなければ、古典への興味・関心は高まらないだろう。まず、本文を読み味わう活動が求められる。

　今一つは、高等学校への橋渡しとしての学習である。仮名遣いや語句など古典の理解に必要な基礎的な事項を指導することである。高等学校の指導もこれから改善されてくるであろうが、現実には「中学校は何も教えていない」という声をしばしば聞く。最低限の知識・理解があってこそ、高等学校の古典指導に引き継いでいくことができるだろう。

2 古文の基礎的な事項を指導する

　最低限の知識・理解については、ワークシートを活用し定着を図りたい。文法的な内容などの細部にわたることなく、仮名遣いや語句などに限定すべきである。どの言葉がどの口語訳に対応しているか程度の理解がなくては、高等学校の指導には引き継ぐことはできないだろう。

　次ページに示したワークシートのように、歴史的仮名遣い、意味、省略されている言葉を補うなど最低限の確認をする。

　また、ワークシートの裏面には、橋本治の第1段の口語訳（『桃尻語訳枕草子（上）』河出書房新社）を印刷しておき、古文をより身近に感じさせる

ようにする。これは、基礎的な指導と並行して行っていくことだ。

【最低限の知識・理解を定着させるためのワークシート】

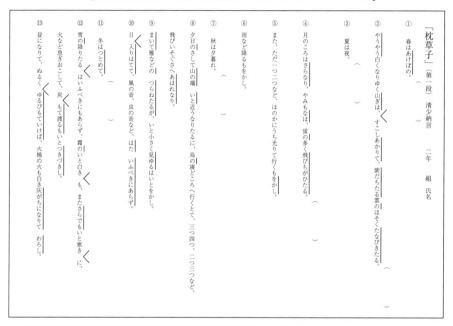

3 古文をより身近に感じさせる

「徒然草」の学習であれば、教科書教材以外の他の段を紹介するのもいいだろう。

「なぜ土曜日に勉強できないのか！」と題して、第92段の「ある人、弓射る事を習ふに」を紹介する。翌日が日曜日だと、どうしても土曜日をおろそかにしてしまう心理と弓の稽古をするときの心理とを比較させたい。

「よくない友達って？　いい友達って？」と題して、第117段の「友とするにわろき者」を紹介するのもよい。なぜ、「病なく身強き人」は友達とするのに悪いのか。これについて考えさせるだけでも古文を身近に感じることになるだろう。

授業者は、古文の全文を読み、そのおもしろさをつかむことだ。

42 現代版枕草子を書く

1 古典に親しむ態度を育成する

「先生，これ知っています」
　古文の授業で，毎年こういう声が聞かれるようになってきた。「枕草子」「徒然草」の冒頭文，あるいは芭蕉や一茶の俳句などを小学校で繰り返し音読し，暗唱してきているのである。古文特有のリズムを感じ取る力はかなり付いてきているということを実感する。
　中学校では，これを引き継ぎ，どんな学習を進めていけばよいのか。今さら言うまでもないが，古典に親しむ態度を育成する学習である。具体的には，古人のものの見方や考え方に触れる学習である。暗唱だけしても，その古文がどんな内容価値を持っているのかがつかめなければ，古文への興味・関心は高まらないだろう。まず，本文を読み味わう活動が求められる。

2 「枕草子」第1段を読む

　こうすれば，古文のおもしろさを実感させることができる。
① 「枕草子」第1段の内容をつかむ
　　何度も音読した後，学習プリントを活用し，おおまかな内容をとらえるとともに仮名遣いや語句などの確認もする。
② 作文を書くための構想を練る
　　友達と意見交換し，構想を練り直す機会を意図的につくってから記述させる。
③ 文集にされた「現代版枕草子」を読み合い，友達の作品のおもしろさを見つけ，それを発表する

3 ポイントを押さえて指導する

【ポイント1】 事前に作文の内容を伝え,考える時間を確保する。

　生徒は,小学校で「枕草子」第1段に触れている。暗唱している場合も多い。そこで,本単元に入る2週間ほど前に,「次の単元では『現代版枕草子』を書くよ。登下校のときなどに,これが春だよなあ,夏だよなあというものを考えてくださいね」と伝えておくことである。教室で突然あなたの季節感を書きなさいと言われても書けるものではない。事前に原稿用紙1枚,400字で書くことを伝えておくことである。

【ポイント2】 古文の基礎的な事項を指導する。

　古文のおもしろさを実感するためには,最低限の知識・理解が必要である。ワークシートを活用し定着を図りたい。文法的な内容などの細部にわたることなく,仮名遣いや語句などに限定すべきである。どの言葉がどの口語訳に対応しているか程度の理解なくして,高等学校の指導には引き継ぐことができないだろう。

【ポイント3】 古人との対話を促す。

　現代の自分と平安時代の作者を比較することによって,古人と今の私たちと変わらないところは何か,逆に変化しているところは何かという対話をさせたい。この自分との関わりという視点から古文に触れていくことこそが,古文のおもしろさを実感することにつながると考える。

　時代・社会・言語・文化に変化はあっても,同じ国に住む人間として,次のことを理解させたい。

> 喜怒哀楽の情には大きな差異がない。

　生涯にわたって古典に親しむ態度を育成するには,何よりもこのことが大切であると考える。そのためには,古文に関する最低限の知識・理解の学習をないがしろにすることはできないのだ。

43 漢文は訓読のすごさを体験させる

1 漢文のすごさを知る

　中国語を日本語にしてしまったもの，それが漢文だ。
　「学而時習之，不亦説乎。」という中国語を，「学びて時にこれを習ふ，またよろこばしからずや。」という日本語にしてしまった。はじめは「シュェァー　シー　シー　ヂー」と中国語のまま読んでいたのを，表意文字という漢字の特長を生かし，返り点や送り仮名を付け，長い年月をかけて訓読文にした。さらに「学びて時にこれを習ふ」というように書き下し文にした。
　訓読するまでの過程でできてきたものが片仮名だ。白文の行間に漢字の読み方や書き方を書き加えるには字体が簡略なものの方がよい。漢文の訓読から生まれたのが片仮名であることを教えたい。
　こういった中国語から日本語までの流れを生徒に伝えたい。返り点や送り仮名などの漢文の訓読に必要な基礎的な事項を学ぶことは大切である。漢文に表れたものの見方や考え方に触れることも大切である。
　それに加え，もう一つ取り上げておきたいことがある。それは，中国語という異文化というべきものを，どのようにして日本語の中に取り入れていったかという叡智に触れることだ。そういった授業こそが，生徒の興味・関心をかきたてるだろう。

2 まず白文を見せる

　生徒をびっくりさせる。白文が書かれたプリントを配付するのだ。すべて漢字だ。これだけで教室はざわつき出す。
　「これを読めるようにします」と一言。教室はパニックだ。「うそっ」「先

生，勘弁してください」という声があがる。
　「中国語が日本に入ってきたときも，そんな気持ちだったろうねえ。まず私が読もう」と範読をする。「どう？」と声を掛けると，「読めるわけがない」という顔が並んでいる。一行ずつ範読した後，すぐに生徒も声を出して読む。これの繰り返しだ。ぎこちない読みもだんだんと修正されていく。
　「中国語を強引に日本語にしてるんだから大変だよね。でも，昔の人は，読みやすくする方法を考えたんだよ。それをこれから学習しよう」と話し，返り点や送り仮名などの取り立て指導に入る。

3　返り点のすごさに触れる

　返り点については，「レ点」と「一・二点」を説明した後に，次のような問題に取り組む。

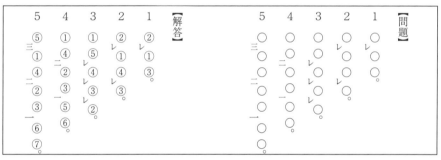

　プリントにしなくても，黒板に書いてもいいだろう。生徒は，読む順番を○の中に書き込んでいくのだ。指導者は，机間を回り，一人一人丸を付けていく。途中，「分かりません！」という言葉がどんどんあがる。周りと相談し出す。しめたものだ。答え合わせをした後，新たな問題をどんどん出していく。数をこなすことが重要だ。生徒にとっては暗号を解読するようなおもしろさがある。
　全員が理解できたところで，昔の人がいかに工夫して中国語を日本語にしてきたのかということを話したい。そして，白文のプリントに返り点を書き込ませていくことだ。

【言語事項】
44 漢字の学習は努力の結果を出させる

1 漢字で嫌な感じにならない

　「貴紳」。この言葉を御存知だろうか。
　新出漢字の練習として、この「貴紳」とその読み仮名を５回書きなさいという宿題があった。意味も分からないままに、ひたすら書くだけである。「貴紳」という言葉を生徒はこれからの人生で何回書くのだろうか。私は、今までの人生で、「ある貴紳のための幻想曲」というクラシックの曲名で見ただけだ。その他にも「隠然」「襲来」という熟語が20もあり、すべてに新出漢字が入っている。初めて見る漢字が多いことだろう。そして、どんな生徒も５回書けば、宿題は終了。書くという作業だけが問われているのだ。
　市販の漢字練習帳でも、「間違えた漢字は５回書きなさい」などという指導をしているのではないだろうか。
　嫌いな教科に国語を挙げている生徒がいる。休み時間などに廊下で「国語嫌いなんだね。何が嫌なの」と聞くと、「漢字の練習が面倒です。何回も何回も書いていると、嫌になるんです」という答えが何度も返ってきた。
　国語という教科を嫌いになっては、学力の向上は望めない。漢字の学習が、国語科の障壁になってはいけない。漢字の学習を楽しくできないか。そこで考案したのが、次ページのプリント（実物はＢ４サイズ）である。
　新しい年度の担当学年が決まったところで、１学期分の作成に取りかかる。２学期分は夏休み、３学期分は冬休みに作成する。
　１枚作成する時間は、フォーマットができているので20分ほどだ。プリントの表題にも、「愚行移山プリント」というように凝る。学習前に、ひたむきに努力することの大切さを話しておくのだ。

【資料】愚公移山プリント

愚公移山プリント 1　　　　氏名

#	問題	答	#	解答
①	目がサめる。		①	覚
②	イマでくつろぐ。		②	居間
③	スデに到着している。		③	既
④	画面のスミ。		④	隅
⑤	ゲンカンを飛び出す。		⑤	玄関
⑥	教科書や副ドクホン。		⑥	読本
⑦	エンピツと消しゴム。		⑦	鉛筆
⑧	ポスターやガイトウ広告。		⑧	街頭
⑨	広告をナガめる。		⑨	眺
⑩	イエジにつく。		⑩	家路
⑪	ケイタイ電話。		⑪	携帯
⑫	メディアとはバイタイのこと。		⑫	媒体
⑬	新聞をハイタツする。		⑬	配達
⑭	ハバヒロく活動する。		⑭	幅広
⑮	絵をカンショウする。		⑮	鑑賞
⑯	タイテイは家にいる。		⑯	大抵
⑰	記事をハイチする。		⑰	配置
⑱	きれるなエイゾウ。		⑱	映像
⑲	きれいにサツエイする。		⑲	撮影
⑳	センモン家。		⑳	専門
㉑	番組をヘンセイする。		㉑	編成
㉒	メディアを学ぶキカイ。		㉒	機運
㉓	時代ハイケイの問題。		㉓	背景
㉔	大きなエイキョウを与える。		㉔	影響
㉕	時間的なヨユウ。		㉕	余裕
㉖	文明のリキ。		㉖	利器
㉗	エンゼツ調で話す。		㉗	演説
㉘	シュウカンが定着する。		㉘	習慣
㉙	技術カクシン。		㉙	革新
㉚	イチジルしい進歩。		㉚	著
㉛	日常生活をウめつくす。		㉛	埋
㉜	事リにする。		㉜	至
㉝	カチカンの問題。		㉝	価値観
㉞	メディアをアツカう。		㉞	扱
㉟	学問のタイショウになる。		㉟	対象
㊱	左右タイショウ。		㊱	対称
㊲	タイショウ的な二人。		㊲	対照
㊳	お山のタイショウ。		㊳	大将
㊴	思わぬテイコウにあう。		㊴	抵抗
㊵	情報のハッシン。		㊵	発信

2 自分で書けるようになるまで練習する

次のような手順で学習する。
① 用紙を折り曲げ，答えを隠して漢字を書く。
② ひととおり書けたところで，下の答えを見て，答え合わせをする。
③ 書けなかった漢字の番号に○を付け，その漢字を書けるようになるまで余白に練習する。回数は問わない。あくまでも書けるようになるまでだ。
　　書くときは，読みを口に出しながら行う。記憶するときは，五感を使うことが有効であるということを話しておく。
④ 書けるようになったと自分が判断したところで，用紙を再び折り曲げ，番号に○が付けてある漢字だけをもう一度書く。
⑤ 答え合わせをして，書けなかった漢字は，さらに練習を繰り返す。

　私は，提出されたプリントを赤ペンでチェックをする。覚え間違いをするところは，だいたい決まっているので，時間のないときは，その問題だけをチェックする。例えば，「拝」の旁の横棒が一本足りなかったり，「朗読」が「郎読」になっていたりというところだ。
　このプリントでは，自分で書けるようになるまで練習することが主眼になっている。1回目で書ければ，それで練習は終わる。もうすでに書けるのだから，無駄な作業はしない。
　このプリントで取り上げる漢字は，教科書の本文中のものである。新出漢字に限定せず，小学校・前学年で学習した漢字も含める。「書けた！」という思いをたくさん持たせたいからである。新出漢字だけでは，達成感を得られにくいだろう。
　中学1年生では，訓読みする一字の漢字を意識的に多く取り上げる。漢字は表意文字なのだから，訓読みができれば熟語の意味が類推できる。「挑（いど）む」と読めれば，「挑戦」は，「戦いに挑む」という意味をつかむことができる。漢字学習は，語彙指導でもあるのだ。

また，熟語だけを提示しない。必ずどのように使われるのか，例文で示す。熟語だけ覚えても実生活では使えない。どのような文脈で使われるかを知っておくことが，将来使えるかどうかを決める。
　「左右対称」と教科書に出てくれば，当然「タイショウ的な性格」「中学生をタイショウとした雑誌」という問題も付け加える。そうすると，数名は国語辞典で意味の違いを書いてくる。それを学級でほめる。
　「○○さんは，意味の違いをしっかり調べてきました。こういう勉強ができることって，すごいことですよ」と。すると，同じように調べる生徒が増えてくる。ほめられた生徒は，それだけで漢字の学習が大好きになる。

3　点数を取らせる

　漢字の学習は，繰り返し行うことが重要である。「忘れる以上に覚えろ」といつも言っている。定期テストでは，漢字を毎回20〜25問は出す。しかもプリントから同じ問題を出す。教科書の何ページから何ページまでと指定することはない。今回は漢字プリントNo.1〜5などと限定し，必ずこの中から同じ問題を出す。生徒には，こう言っている。

> 努力したことがそのまま点数になって表れるよ。

　そして，テスト１週間前には，「この漢字プリントがもっとほしい人には，もれなくプレゼントします」と話す。職員室にどんどんやって来る。一人一人に「勉強，進んでる？」「どこが難しい？」「頑張れよ」などと声掛けができる。
　漢字の読み書きができれば，テストでは安定した点数が取れる。漢字で確実に点数が取れるという自信をつけさせたいと考えている。３年生には，「入試では，まず漢字の問題からやり，心を落ち着けなさい」とまで言っている。
　漢字学習，やっただけのことはあった——そう言わせたい。

45 漢字のおもしろさを伝える

1 怖い漢字の話をする

　今まで話した中で，教室が驚きに包まれたのは，「取」と「道」の話だ。
　黒板に，「取」と書き，「これは怖い漢字だよね。ううん，本当に怖い。見ているだけで，怖くなるよね」と言う。生徒は皆，けげんな顔をする。「えっ」「どうして」という声も聞こえてくる。しばらく考えさせた後，「何が怖い？」と聞いていく。いろんな答えが出る。「なるほど，そう考えたの」と受け止めながら，「『耳』をどうするんだろう」と問いかける。「耳を取る」という答えが出る。そこで，こんな説明をする。
　「又」は，手の形を示します。手でつかむという意味です。古代中国の戦いでは，討ちとった敵の左耳を切り取って持ち帰り，その数を数えて手柄を決めたのです。そこから「手に入れる」という意味ができました。生徒から，再び「ええっ」という声があがる。
　次に，「道」と板書する。視線は「首」にいく。それだけで，「うわあ」「怖いっ」と驚きの表情でいっぱいになる。すぐに説明する。古代中国では，他の氏族のいる土地は，その氏族の霊がいて災いをもたらすと考えられていました。その霊をはらい清めるために，異族の人の首を手に持って進んでいったのです。そのはらい清められたところが，「道」なのです。「道」という漢字は，人名にも使われているので，話し方には注意が必要だが，漢字のおもしろさを伝えるには充分である。

2 さらに学問のすごさまでを伝える

　白川静の話もする。

「口」は，何の象形文字でしょうか。ほとんどの生徒が，人の口だと言う。そこで，話す。白川静という学者は，神への祈りの文を入れた器の形であると言っています。「言」は，神への宣誓を表し，器の上に針を置いた形です。もし，この宣誓に偽りがあるのなら，針を突き刺されてもいたしかたないとする決意のほどが象徴されています。その他，「右」は，器を右手に持って神の助けを求める意味であることなども説明する。そして，これらの説が，甲骨文字をトレーシングペーパーでトレースしながら，文字を写しながら考えるという，気の遠くなるような作業から導き出されたことを話す。

3　漢字クイズをする

　「弱冠って何歳？」から始まり，「還暦」「喜寿」「米寿」と進め，「では，卒寿は何歳？」と尋ねる。これは，すぐに「九」と「十」から90歳という答えが出る。そこで，「白寿は？」と質問する。これには生徒も考える。『論語』の学習のときならば，「志学」「而立」「不惑」などの話もする。ここまでくると，漢字指導というよりは，語彙指導である。
　「『鳩』『鴉』『猫』の共通点は何か」。これには，生徒が必死になる。答えは，鳴き声である。「九」＝クー，「牙」＝ガー，「苗」＝ミョウである。
　「独逸，伊太利，英吉利，仏蘭西，亜米利加，露西亜を読んでみよう」。これは，社会科の学習にも関係してくる。「日独伊三国同盟」なんて，この知識がないと何のことか分からない。「日米」「仏領事館」など，新聞を読むときの必須の知識ともなる。
　教科の関連で言えば，「方」の意味なども教えておきたい。算数科の「正方形」，社会科の「前方後円墳」など，「方」＝四角，という知識があるからこそ，意味が分かるのだ。

> 漢字の話は，授業の関連ある場面でその都度行うことである。

　その積み重ねが漢字への興味を呼び起こすのだ。

46 熟語の構成を楽しく授業する

　熟語の構成は，重要な学習である。熟語の意味を類推する手だての一つとなるからである。また，返り点などの漢文の授業への橋渡しにもなるからである。

1　ポイントは，漢字を訓読みできるかどうかである

　「勧善懲悪」は，「勧（すす）める」「懲（こ）らす」と読めることで，意味をつかむことができる。「以心伝心」もそうだ。「心を以（もっ）て心に伝う」と読めることで，意味把握が容易にできる。
　１年生の漢字の学習で訓読みを重視するのは，この熟語の構成の学習につなぐための方策であるとも言える。
　実際の授業はこうだ。
① 　二字熟語をつくる
　　漢字を一字ずつ書いたカードを黒板に貼り，これらを使って二字熟語をつくるように指示する。ゲーム感覚で笑顔がはじけるが，次の一言で緊張が走る。
　「絶対に１枚も余らせてはいけません」
　黒板に貼る漢字は下の24枚である。もちろんシャッフルして提示する。

明	暗	遠	近	戦	争	勤	勉	青	空	国	外
予	知	再	会	雷	鳴	地	震	読	書	養	豚

② 　二つずつのグループをつくる
　　二字熟語ができたところで，「これらの熟語を二つずつのグループにし

よう。また，なぜそのようなグループにしたのか理由も言ってもらいます」と言う。生徒には考える時間を充分に取る。
③ 説明しやすいものから順に発表していく
　教科書には，「意味の似た漢字を重ねている」「上の漢字が下の漢字を修飾している」「上から下に戻る形になっている」などと書いてある。しかし，授業ではあくまでも生徒の言葉でまとめていくことだ。
　生徒から発せられる「意味がそっくり」「上と下がひっくり返っている」「上の漢字が下の漢字を詳しく説明している」という言葉を大切にしたい。友達の言葉だからこそ，理解しやすくなるのだ。
　また，記号を書かせるのも有効だ。明⇔暗，戦≒争などと記号を付けさせることで，より一層理解が深まるのだ。「読書」ならば，読と書の間に「レ」という記号を付け，「これ，ひっくり返る」の記号にしておこうとしておけば，漢文の学習のときに生きてくる。
④ 連体修飾語と連用修飾語の違いについて，確認する
　青空・国外，余地・再会では，前者と後者の違いを説明できないことが多い。学習したことを忘れてしまったのかと嘆く必要はない。修飾語の復習の時間と考えればよい。
　修飾の関係が出てきたあたりから，生徒は自信を持って言えなくなってくる。隣の友達と確認したくなってくる。それは表情から読み取ることができる。そこを見逃さず，グループにすることである。グループにする必然性こそを見つけるのだ。

2 意識化させる

　授業の最後には，熟語の構成を考えるときには，訓読みすることであるとまとめる。また，記号を付けることも大切だと確認する。
　実は，24枚のカードを二字熟語にしていく活動の中で，すでに生徒は訓読みをしていたはずだ。無意識にやっていたことを意識化させたのだ。

47 文法の学習では法則性を発見する

1 言葉のおもしろさを実感する

「昔々，あるところにおじいさんとおばあさんがありました。おじいさんは山へ芝刈りに行きました。おばあさんは川へ洗たくに行きました。」

「は」と「が」を入れ替えます。

「昔々，あるところにおじいさんとおばあさんはありました。おじいさんが山へ芝刈りに行きました。おばあさんが川へ洗たくに行きました。」

何かおかしい。なぜか。この問いの答えが書いてある，大野晋の『日本語の文法を考える』（岩波新書）を読んだときの衝撃は，今も忘れられない。「が」は未知のものを表し，「は」は既知のものを表す。一言で言えば，これだけだが，身近な用例を使って言葉の謎が解明されていく過程にどきどきしながらページを繰った。なにげなく使っている言葉には，こんな法則性が潜んでいたのかと驚嘆した。言葉のおもしろさに触れた体験だ。

2 言葉の法則性を発見する

それでは，言葉そのものについて学習する文法の授業はどうだろうか。あれを覚えなさい，これを覚えなさいと，まさに知識注入型の授業の典型だ。生徒はたまったものではない。おもしろいはずがない。

なんとか知的興奮を覚えるような授業はできないかと新たに考案したのが，これだ。

> 日常使っている言葉に見られる法則性を生徒自らが発見する授業

無味乾燥とも思える文法の学習を,「言葉っておもしろい」と実感できるものに転換しようとする試みだ。数多くの実践の中から二つ紹介しよう。

3 「名詞の種類の授業」は分類から始める

① 学校 一冊 一郎 あゆ そこ 本箱 彰敏 一回目 これ 私 という名詞を書いた10枚のカードを,四つのグループに分ける
② なぜそのように分けたのか,その根拠を説明する
　生徒の発言した言葉を使って名詞の種類の確認をする。普通名詞,固有名詞などの用語については,内容を確認した後で知らせる。
③ 名詞の種類についてまとめる
　「学校・あゆ・本箱」は〈普通名詞〉,「一郎・彰敏」は〈固有名詞〉,「一冊・一回目」は〈数詞〉,「そこ・これ・私」は〈代名詞〉とまとめる。ただし,「あゆ」を人名と考えた場合は,〈固有名詞〉に入れる。

4 「動詞の活用の種類の授業」も分類から始める

① 読む 起きる 調べる 落ちる 食べる 書く という動詞を書いた6枚のカードを,三つのグループに分ける
② 活用表を使って,実際に形を変えてみる
　動詞に続く語をあらかじめ書いたプリントを配付し,実際に形を変えさせてみる。
③ 活用表を見て,何か規則性はないか考える
　まとまらない場合は,活用表に記入した言葉をローマ字で書かせる。
④ それぞれのグループに名前を付ける
　なぜその名前を付けたのかという理由も発表させる。その後で,「五段活用」などの名称を知らせ,その名称の意味を考えさせる。

毎時間,発見型の授業ができるわけではない。たとえ学期に1回であっても,生徒には印象に残る授業となるだろう。

48 文法の指導はさらりと徹底させる

1 さらりと指導する

> 文法は覚えるべきことを覚えれば，確実に自分のものにできる

　逆に，覚えるべきことを徹底してやっておかないと，「文法は分からない」「文法は難しい」という声が多くなってしまう。

　徹底するのとは逆に，さらりと流すべきところは流すことも大切だ。ここで，ねちねち時間をかけると，文法嫌いの生徒がどんどん出てくる。まず，ここからお話ししよう。

　文法学習のスタート，文節と単語の学習に時間をかけないということだ。文法の難しいところだが，正確に文節と単語に分けることができるのは，文法の学習を終えたときだ。

　「先生のお腹は，まるで水枕のようだ。」

　これを，文節に分けようとやる。すると，「先生の／お腹は，／まるで／水枕の／ようだ。」という答えが出てくる。文法的には，「ようだ」は助動詞で，付属語だから，その直前で文節に分けることはできない。教師は分かっている。しかし，生徒は分からない。「先生が，さっき『ネ』の入るところで切れと言ったので，『水枕の／ネ／ようだ』と切ったのに……」となる。「ようだ」は助動詞だ，付属語だと説明しても，なんともならない。なにしろ，「助動詞」という言葉も，「付属語」という言葉も知らないのに，どうやって説明できるだろうか。無理だ。だったら，深入りしないことである。

　これは，3年生になったら，「なあるほど」と分かるのだ，今分かっては

いけないのだ，これから文法という長い旅が始まるのだ，くらいでさらりといくべきである。徹底してやってはいけない。

2 徹底して指導する

用言の学習では，徹底的にいくべきだ。
「未然・連用・終止・連体・仮定・命令」
「ない・よう・ます・た・て・。・とき・ば・。」
「かろ・かっ・く・う・い・い・けれ・〇」
「だろ・だっ・で・に・だ・な・なら・〇」

これらは，一人一人全員がそれぞれを5秒以内で言えるまで，徹底して行う。授業中の列指名で全員がすらすらと言えるまで繰り返す。言えなければ，休み時間に特訓だ。しばらくして，忘れ始める頃には，廊下ですれ違いざま，「形容詞の活用語尾！」と言う。生徒は，「来たっ」と言いながら笑顔で，「ない・よう・ます……」と言う。すらすらと言えるのが普通だというところまで持っていく。

これらを覚えていないと，問題など解けない。武器なしで，徒手空拳で戦うようなものだ。

さらに，「歩く」の活用の種類は？　「食べます」の「食べ」の活用形は？「静かだった」の「静かだっ」の活用形は？　などといった問題は，活用表をつくらせて考えさせるという方法がある。最初はそうやって行う。

しかし，いつまでもやらない。活用表を参考にしておおかた言えるようになったら，音声トレーニングを始める。次ページのプリント（実物はＡ４サイズで画用紙に印刷）を使用する。これは，愛知教育大学名誉教授の志水廣先生の提唱されている数学科の音声計算トレーニングを参考にして作成したものだ。

二人一組で1分間にいくつ言えるかを授業の最初に行うのだ。一人が，「連用，未然，連用……」と答えを読み上げ，もう一人は答えの確認をするのだ。単純な練習だが，生徒は喜んでやる。そして，力が付く。

【資料１】音声トレーニング　用言の活用形　オモテ

用言の活用形

歩きます	服を着る	青かった
見ない	通じない	楽しかろう
上げた	早く乗ること	寒うございます
運動する	降りよう	なつかしい人
起きている	人を乗せる	強ければよい
来ればよい	来る時もある	涼しくなる
行きたい	学んだ	静かな町
早く泳げ	行ければよい	親切な人
研究させる	言った	素直になる
植える時	卒業した	元気だろう
答えよう	考える人	静かだった

【資料２】音声トレーニング　用言の活用形　ウラ

答　え

連用	終止	連用
未然	未然	未然
連用	連体	連用
終止	未然	連体
連用	終止	仮定
仮定	連体	連用
連用	連用	連体
命令	仮定	連体
未然	連用	連用
連体	連用	未然
未然	連体	連用

【資料3】音声トレーニング　動詞の活用の種類　オモテ

動詞の活用の種類

歩く	着る	述べる
見る	泳ぐ	予想する
話す	乗る	行ける
する	運動する	驚く
起きる	乗せる	開ける
植える	来る	倒す
通じる	学ぶ	降りる
泳げる	行く	答える
慣れる	落ちる	増やす
飲む	卒業する	分かる
逃がす	飛べる	話せる

【資料4】音声トレーニング　動詞の活用の種類　ウラ

答　え

五段	上一	下一
上一	五段	サ変
五段	五段	下一
サ変	サ変	五段
上一	下一	下一
下一	カ変	五段
上一	五段	上一
下一	五段	下一
下一	上一	五段
五段	サ変	五段
五段	下一	下一

Chapter5　授業力を磨く！伝統的な言語文化・言語事項の指導技術

49 語彙指導は国語辞典のおもしろさから始める

1 国語辞典を引く

語彙指導というと，特別に何かを指導するように思われている。

そうだろうか。私は本をたくさん読ませることだと単純に考えている。いかにたくさんの文章に出合わせるかである。

しかし，これだけでは納得してもらえないだろうから，こう言おう。

> 語彙指導とは，数多く国語辞典を引かせることである。

分からない言葉があれば，さっと辞典に手が行くように習慣付けることである。しかも生涯にわたってである。いかに国語辞典にあたらせるか工夫することが語彙指導の出発点だ。

2 国語辞典の編集委員になる

まず国語辞典のおもしろさそのものに触れる機会をつくることだ。

「国語辞典の編集委員になろう」という授業を行う。「あなたを国語辞典の編集委員に指名します」と始まり，「まず『右』の意味を書いてください。読んだ人が，なるほどと思える意味を考えてください。間違っても，『左の反対』と書かないように。誰も買ってくれません。ボツです。編集長は，私ですからね」と指示を出す。

生徒は考える。「ううん」という，うなり声も聞こえてくる。「隣の人と編集会議を開いてもいいですよ」と言えば，互いの語釈を見合わせ，新たな考えをめぐらせる。そして，発表である。「鉛筆を持つほう」という考えには，

すぐに「ぼくは,左で持つよ」という反論が出る。いろんな意見が出る。途中何度も国語辞典を調べようとする子が出てくる。すかさず,「他社のものは見ない。真似をしては,我が社の恥になる。プライドを持とう」とか言う。

学級で,これが一番いいというものを決める。その後で,手元の国語辞典を開かせる。すごい勢いで引く。そして,「うわあ」という歓声があがる。「なるほどなあ」という感嘆の声も聞こえてくる。

ちなみに,国語辞典には,こんな意味が書かれている。

【岩波国語辞典　第七版】相対的な位置の一つ。東を向いた時,南の方,また,この辞典を開いて読む時,偶数ページのある側を言う。

【三省堂国語辞典　第七版】横に〈広がる／ならぶ〉もののうち,一方のがわをさすことば。「一」の字では,書きおわりのほう。「リ」の字では,線の長いほう。

【新明解国語辞典　第七版】アナログ時計の文字盤に向かった時に,一時から五時までの表示のある側。〔「明」という漢字の「月」が書かれている側と一致〕

「じゃあ,次に,『石』と『岩』の意味をそれぞれ書いてみよう」と指示する。楽しく授業ができる。国語辞典に興味を持つ機会となる。

3　国語辞典の話をする

国語辞典のおもしろさについては,折に触れて,いろいろと話すようにしている。三浦しをんの『舟を編む』(光文社)は映画化もされた。国語辞典がどのようにつくられていくかを描いた物語である。【資料1】飯間浩明の『辞書を編む』(光文社新書)の内容は,どこをとっても子供たちの辞典への興味をかきたてる。

『新明解国語辞典』は,おもしろい辞典だ。語釈のユニークさは言うまでもなく,用例も「なぜこんな用例？」と考えさせてくれる。また,この語釈と用例から「新解さん」(『新明解国語辞典』を擬人化した呼び名)の謎に迫る赤瀬川原平の『新解さんの謎』(文藝春秋)も紹介している。【資料2】

【資料1】「舟を編む」を読む

国語科通信　No. 1

三浦しをん『舟を編む』を読む

　20年前の話です。ある出版社の方が、「今回改訂された『広辞苑』は、素晴らしいですよ。何といっても紙が違います」と言われました。「どこが違うのですか」と尋ねたところ、「ううん、口で言うのは難しいな。薄いんだよね、それから、それから、……表現できないな」という言葉が返ってきました。

　『広辞苑』（第四版）を購入し、ページを繰ってみましたが、正直どこが素晴らしいのか分かりませんでした。いったいどこがいいのだろう、この疑問を心の奥深くにしまいこんだまま、20年が経ちました。

　この謎が解けました。

　三浦しをん著『舟を編む』の中に答えが出てきたのです。この『舟を編む』、国語辞典がいかにつくられていくかを描いた物語です。1冊の国語辞典ができあがるまでにどれほどの苦労があるのか。

　言葉は、海にたとえられます。それほど広く、大きく、底知れないものがあります。それを明らかにしていくわけです。

　まず、品詞分類ができていなければ、見出し語が立ちません。名詞は分かりやすいでしょうが、形容詞とは何か、副詞とは何かと、分類する必要があります。これは、海に線を引くようなものです。これだけで大変です。

　我が国初の近代国語辞書『言海』を編集した大槻文彦の苦労は、想像の域を超えています。言葉とのすさまじい格闘です。

　先ほど、「名詞は分かりやすいでしょうが」と書きましたが、これも甘い考えで、格闘です。例えば、「右」という言葉の意味をどう書けばよいでしょうか。まさか、「左の反対」とは書けないでしょう。

　〔岩波〕東を向いた時、南の方、また、この辞典を開いて読む時、偶数ページのある側を言う。

　〔広辞苑〕南を向いた時、西にあたる方。

　同じ岩波でも、向く方向が違うんですね。

　昭和10年に刊行された〔大言海〕を引っ張り出して調べたところ、「南ヘ向ヒテ西ノ方。」とありました。広辞苑の大言海へのオマージュでしょうか。意味がおもしろいと評判の〔新明解〕には、「アナログ時計の文字盤に向かった時に、一時から五時までの表示のある側。」とあります。

　たかが「右」、されど「右」の世界です。編集者の苦悶している姿が見えてきます。

　閑話休題。紙の話です。本書にこんな場面があります。広辞苑の紙には「ぬめり感」があると言い、それを説明するところです。

　「指に吸いつくようにページがめくれているでしょう！　にもかかわらず、『紙同士がくっついて、複数のページが同時にめくれてしまう』ということがない。これが、ぬめり感なのです！」

　ちなみに、〔広辞苑〕で「滑（ぬめ）る」を引くと、「なめらかですべる。ぬらぬらする。」とありました。ううん、言い得て妙。

　というわけで、こういった話満載の、国語辞典を引いてみたくなる本です。

　私、読み終わった後、書棚から、高田宏『言葉の海へ』（新潮社）を取り出し、ざっと読み返してしまいました。大槻文彦の話です。

【資料２】新明解国語辞典（第七版）

> 読書案内11　**新明解国語辞典（第七版）**　　山田忠雄ほか編

　読める国語辞典です。ユニークな意味や用例に驚いてしまうかもしれません。例えば，【動物園】の意味は次のように書かれています。

> 　捕らえて来た動物を，人工的環境と規則的な給餌（きゅうじ）とにより野生から遊離し，動く標本（ひょうほん）として一般に見せる，啓蒙（けいもう）を兼ねた娯楽施設。

　ううん，動物園とはこんな難しいことをやっているところだったのか，と思わずにはいられません。東山動物園にコアラを見にいった場合は，動物園ではなくなってしまうのでしょうか。コアラはちっとも動きませんから。
　その他にも紹介しましょう。

> 　こうやく【公約】政府・政党など，公の立場にある者が選挙などの際に世間一般の人に対して，約束すること。また，その約束。〔実行に必要な裏付けを伴わないことも多い〕

> 　れんあい【恋愛】特定の異性に対して他の全てを犠牲にしても悔い無いと思い込むような愛情をいだき，常に相手のことを思っては，二人だけでいたい，二人だけの世界を分かち合いたいと願い，それがかなえられたと言っては喜び，ちょっとでも疑念が生じれば不安になるといった状態に身を置くこと。

　私の机上には，この新明解が置いてあります。おもしろい意味・用例があると，赤鉛筆で線を引いたり，付箋紙（ふせんし）をはったりしています。楽しめます。
　なお，赤瀬川原平（げんぺい）の『新解さんの謎』（文藝春秋）もあわせて読むとおもしろさは倍増します。これは，新明解の意味・用例から辞典をつくった人の人物像を推理するという，これまたおもしろい本です。

（三省堂）

50 言葉のおもしろさを授業する

1 言葉そのものに向き合う

　国語科として言葉そのもののおもしろさを実感させたいと思っている。文法の授業なら，ふだん使っている言葉に法則性を発見させる。語彙に関する授業なら，語源を調べさせる。熟語の組み立ての授業なら，漢字の造語力について考えさせる。

　いろいろな取り組みが可能だ。これらの授業を通して，言葉というもののおもしろさを実感させたい。言葉そのものへの興味・関心を高めていきたいと願っている。そうすることで，自分の言葉を自覚的にとらえられる生徒が育っていくのではないかと考える。

　文学的な文章を読むときの辞書的な意味と文脈上の意味の違いなども，言葉そのもののおもしろさであるかもしれない。登場人物の呼称の変化，比喩の効果的な使い方なども，そうだろう。

　古典の学習で言えば，言葉の意味の変遷，現代語との違い，古典特有のリズムなどは，言葉への関心を高める。

> 言葉っておもしろい。

　そう実感できるような授業をできたらと思っている。話す力・聞く力，書く力，読む力を付けようと言われているが，まずは言葉のおもしろさを実感させるところが出発点であるように思えてならない。言語活動を重視せよと声高に叫ぶことも大切なことだが，まずは言葉そのものに向き合わせたいと思う。

2 用を足す場所について考える

言葉のおもしろさを実感できる授業を一つ紹介しよう。
① 人間が用を足す場所をさす言葉にはどんなものがあるか思い出す
　便所，トイレ，お手洗い，洗面所，化粧室，はばかり，WCなどを挙げさせる。これらは一語一語カードにして黒板に貼っていく。
② 思い出した言葉を臭いと感じる順に並べる
　理由は問わず，感覚的に並べさせる。臭いと感じる順にカードを上から並べ，視覚的にとらえやすいようにする。ふだん挙手をしない生徒にも意図的に指名する。
③ ②のような順序にした理由について考える
　感覚的にとらえたことに根拠を持たせることによって，自らの言葉に自覚的にさせたい。なぜこんなにたくさん表す言葉があるのかについても考えさせる。以下のような考えが出されるだろう。
・古い言葉から新しい言葉の順序
・直接表す言葉から間接的に表す言葉の順序
・発音したときのきれいさの順序
・いいにくい言葉を，新しい言葉に言い換えていった順序
　意見が出たところで，少しでも汚さを表さない言葉にしたかったから，次々と新しいものを考えてきた。言葉も使っていると，知らず知らずのうちに手垢が付いてくるというようにまとめたい。
④ 人間が用を足す場所は，将来どんな言葉で呼ばれるようになるか考える
　お手洗い，レストルーム，パウダールームなどが出されるだろう。

　最後に，同じように手垢が付いた言葉ってありますよね。知っていますかと問うてもいいだろう。過去には目上の相手に対する敬称として使われていたにもかかわらず，今ではののしって言う語ともなる「貴様」「お前」などに触れれば，生徒は言葉のおもしろさを実感することとなる。

【著者紹介】
伊藤　彰敏（いとう　あきとし）
1958年生まれ。公立中学校教諭，国立大学附属中学校教官，公立中学校教頭，2016年度より一宮市立萩原小学校教頭。著書に『授業名人が語るICT活用』（プラネクサス，共著）。

中学校国語サポートBOOKS
国語嫌いな生徒の学習意欲を高める！
中学校国語科授業の腕を磨く指導技術50

2017年7月初版第1刷刊	©著　者	伊　藤　彰　敏
	発行者	藤　原　光　政
	発行所	明治図書出版株式会社

http://www.meijitosho.co.jp
（企画）木山麻衣子　（校正）有海有理
〒114-0023　東京都北区滝野川7-46-1
振替00160-5-151317　電話03(5907)6702
ご注文窓口　電話03(5907)6668

＊検印省略　　組版所　中　央　美　版

本書の無断コピーは，著作権・出版権にふれます。ご注意ください。

Printed in Japan　　ISBN978-4-18-223921-2
もれなくクーポンがもらえる！読者アンケートはこちらから →